O PREÇO DA JUSTIÇA

O PREÇO DA JUSTIÇA

Voltaire

Apresentação
ACRÍSIO TÔRRES
Tradução
IVONE CASTILHO BENEDETTI

Martins Fontes
São Paulo 2006

Títulos dos originais: DU JUSTE ET DE L'INJUSTE e PRIX DE LA JUSTICE ET DE L'HUMANITÉ.

1ª edição *2001*
2ª edição *2006*

Tradução
IVONE CASTILHO BENEDETTI

Revisões gráficas
Renato da Rocha Carlos
Ana Maria de O. M. Barbosa
Dinarte Zorzanelli da Silva
Produção gráfica
Geraldo Alves
Paginação/Fotolitos
Studio 3 Desenvolvimento Editorial

Dados Internacionais de Catalogação na Publicação (CIP)
(Câmara Brasileira do Livro, SP, Brasil)

Voltaire, 1694-1778.
O preço da justiça / Voltaire ; apresentação Acrísio Tôrres ; tradução Ivone Castilho Benedetti. – 2ª ed. – São Paulo : Martins Fontes, 2006. – (Voltaire vive)

Título original: Du juste et de l'injuste ; Prix de la justice et de l'humanité.
ISBN 85-336-2279-1

1. Justiça 2. Justiça (Filosofia) I. Tôrres, Acrísio. II. Título. III. Série.

06-2794 CDU-340.114

Índices para catálogo sistemático:
1. Justiça : Direito : Teoria 340.114

Rua Conselheiro Ramalho, 330 01325-000 São Paulo SP Brasil
Tel. (11) 3241.3677 Fax (11) 3101.1042
e-mail: info@martinsfontes.com.br http://www.martinsfontes.com.br

Índice

Apresentação

É *O preço da justiça* uma das últimas obras de Voltaire. Foi escrita em 1777, provavelmente antes de junho, pois em carta de 13 de agosto a Voltaire diz Frederico II: "O banco lhe enviará por Neufchâtel a soma necessária para o prêmio proposto pelos senhores suíços."[1] Tomou Voltaire como tema uma notícia da *Gazette de Berne*, nº XIV, de 15 de fevereiro de 1777: "Um amigo da humanidade... comovido com os inconvenientes que nascem da imperfeição das leis criminais da maioria dos Estados da Europa, fez chegar à sociedade econômica desta cidade um prêmio de cinqüenta luíses para a dissertação que a sociedade julgar melhor sobre um plano completo e detalhado de legislação sobre as matérias criminais".

No dia 31 de outubro, de Ferney, Voltaire escreve ao marquês de Condorcet: "Meu caro filóso-

1. *Correspondance*, XVIII, Voltaire, *Oeuvres complètes*, Garnier, Paris, 1882.

fo, o sr. Bitaubé, que partia anteontem para Paris, levou, para o sr. d'Alembert e para o senhor mesmo, dois exemplares de *O preço da justiça e da humanidade*, brochura cujo autor o senhor saberá quem é e que é uma sátira da nossa jurisprudência criminal."[2] Nessa época, vê-se, a obra já estava editada. Três dias antes, em carta de 29 de setembro, diz Catarina II: "Fico lisonjeada com que a sociedade de Berna aprove essa maneira de pensar (um prêmio sobre a questão dos crimes e das penas). Esteja, senhor, certo de que a minha, em relação ao senhor, não está submetida a nenhuma variação."[3] Noutra carta a Voltaire, de 9 de novembro, Frederico II comunica ter recebido um exemplar da nova obra, "que o senhor compôs sobre as leis"[4]. Em 11 de novembro, escreve a De Vaines: "Aproveito para lhe mandar dois exemplares de uma obra que não é grande coisa, mas com a qual se pode ganhar cem luíses de ouro."[5]

Fez Voltaire chegar a jovens jurisconsultos necessitados, eloqüentes, a obra *O preço da justiça*. Em carta de 18 de novembro, diz Frederico II a Voltaire: "Aguardo sua instrutiva obra sobre os abusos da legislação, e com impaciência, certo de que

2. *Id., ibid.*
3. *Id., ibid.*
4. *Id., ibid.*
5. *Id., ibid.*

nela encontrarei o útil e o agradável."[6] Em carta a De la Harpe, de 19 de novembro, escreve Voltaire: "Envio-lhe uma obra mais séria do que nossos dramas de Ferney. Vai lhe interessar certamente, caro confrade, não na qualidade de acadêmico, mas de suíço do país de Vaud -- porque, afinal, o senhor é meu compatriota. Sou membro de uma sociedade de Berna. Um dos membros da sociedade deu cinqüenta luíses e eu, outros cinqüenta, para um prêmio que será concedido a quem fornecer o melhor método para corrigir a abominável lei criminal acolhida na França e em vários Estados da Alemanha. Vimos acudir a humanidade e a razão, bem cruelmente tratadas."[7]

Nessas cartas, Voltaire passou a assinar-se *Le vieux malade* ou *Le vieux malade de Ferney* [o velho doente ou o velho doente de Ferney]. Em carta de 24 de novembro a Voltaire, Frederico II diz: "Senhor, recebi a carta de 27 do mês passado, com *O preço da justiça e da humanidade*. Apressei-me a lê-lo e vi nessa obra a justiça e a humanidade traçadas, ambas, no papel, com a pena mais eloqüente e a prosa mais bela. Seria desejável que os jurisconsultos pensassem como o senhor sobre esse assunto."[8] Também através do marquês de Condorcet,

6. *Id., ibid.*
7. *Id., ibid.*
8. *Id., ibid.*

carta de 26 de novembro, manda um exemplar de *O preço da justiça* a Turgot: "Não sei se ousarei mandar esta pequena obra ao sr. Turgot e se posso dirigi-la a ele próprio."[9] Nessa época, mesmo próximo da morte, no afã do trabalho intelectual, poderia dizer como em carta a Damilaville, de 25 de agosto de 1766: "Meu medo é morrer antes de ter sido útil"[10].

Em carta a Catarina II, de 5 de dezembro, comunica Voltaire: "Tomei a liberdade de enviar, faz quinze dias, a Vossa Majestade, pelos carros de correio da Alemanha, *O preço da justiça e da humanidade*. É um pequeno rebate que anuncia vossas benfeitorias ao gênero humano. Somos dois membros da sociedade de Berna, cada um dos quais depositou cinqüenta luíses de ouro para o concorrente que elaborar o projeto de um código criminal mais próximo das vossas leis, e mais adequado ao país em que vivemos."[11] Em nova carta a Voltaire, de 21 de dezembro de 1777, manifesta o marquês de Condorcet o interesse que lhe despertara a leitura da obra: "Li e reli *O preço da justiça e da humanidade*. Ele deve estimular o zelo

9. *Id., ibid.*

10. *Correspondance*, XII, Voltaire, *Oeuvres complètes*, Garnier, Paris, 1881.

11. *Correspondance*, XVIII, Voltaire, *Oeuvres complètes*, Garnier, Paris, 1882.

de todos os verdadeiros filósofos. Não há nada a esperar para a França; mas o exemplo da Europa inteira, que tende a se aproximar da razão sobre esses temas, talvez venha a influir um pouco sobre nós."[12] É de 19 de janeiro de 1778 a última carta, escrita pelo marquês de Condorcet, na qual faz referência à obra de Voltaire: "Recebi seu novo libelo em favor do gênero humano. Eu já tinha um exemplar que o sr. Bitaubé me trouxera. O senhor pode mandá-lo pelo correio ao sr. Turgot. É o mais belo tema de prêmio que uma academia já propôs."[13]

ACRÍSIO TÔRRES

12. *Id., ibid.*
13. *Id., ibid.*

Cronologia

1572. 24 de agosto: Noite de São Bartolomeu. Por ordem do rei Carlos IX, encorajado por sua mãe Catarina de Médicis, massacre dos protestantes em Paris e nas províncias.

1598. 13 de abril: Henrique IV põe fim às guerras de religião pelo Edito de Nantes. A liberdade de culto é garantida aos protestantes sob certas condições.

1643-1715. Reinado de Luís XIV.

1685. 18 de outubro: revogação do Edito de Nantes por Luís XIV. A religião reformada é proibida no reino da França. Os protestantes convertidos à força são tidos como "novos católicos".

1694. Em 22 de novembro (ou 20 de fevereiro, segundo Voltaire), nasce em Paris François-Marie Arouet, terceiro filho de François Arouet, conselheiro do rei e antigo tabelião do Châtelet em Paris, e de Marie-Marguerite Daumart, ambos da alta e antiga burguesia.

1701. Morte da mãe de Voltaire, que encontra na irmã, oito anos mais velha, uma segunda mãe a quem sempre amará com ternura.

1702. Guerra de Sucessão na Espanha.

1702-10. Revolta dos *camisards*, camponeses protestantes das Cevenas.

1704. Entrada no colégio Louis-le-Grand, dirigido por jesuítas, onde Voltaire adquire sólida cultura e torna-se amigo de herdeiros das melhores famílias da nobreza, lá estudando durante sete anos.

1706. O príncipe Eugênio e Marlborough apoderam-se de Lille.

1710. Leibniz: *Essais de Théodicée sur la bonté de Dieu, la liberté de l'homme et l'origine du mal* [Ensaios de teodicéia sobre a bondade de Deus, a liberdade do homem e a origem do mal].

1710-12. O convento dos religiosos cistercienses de Port Royal des Champs (vale de Chevreuse), reduto do jansenismo, é destruído por ordem de Luís XIV. Os soldados devastam o cemitério. Cenas escandalosas.

1711. Inscrição na faculdade de Direito, conforme o desejo do pai. Mas o jovem turbulento quer ser poeta, freqüenta o círculo dos libertinos do palácio do Templo, envia uma ode ao concurso anual da Academia.

1712. Nascimento de Jean-Jacques Rousseau.
Nascimento de Frederico II, rei da Prússia.

1713. O jovem Arouet abandona a faculdade. Arrumam-lhe um posto na embaixada francesa na Holanda, do qual é despedido por namorar uma protestante. A descoberta da sociedade holandesa, liberal, ativa e tolerante, deixa-o encantado.
Nascimento de Denis Diderot.
Estada de Voltaire em Haia como secretário do embaixador da França.
8 de setembro: Luís XIV obtém do papa Clemente XI a bula ou constituição *Unigenitus* que condena o jansenismo.
Paz de Utrecht.

1715-23. Regência do duque de Orléans.

1716. Exílio em Sully-sur-Loire, por um poema satírico contra o Regente.

1717. São-lhe atribuídos dois poemas satíricos: o segundo (*Puero regnante*) é dele. Por ordem do Regente é enviado à Bastilha, onde fica preso onze meses. Aproveita o tempo para ler Virgílio e Homero, para continuar a *Henriade* [Henríada] e *Oedipe* [Édipo].

1718. Sai da prisão em abril e até outubro deve permanecer fora de Paris. A tragédia *Oedipe* faz imenso sucesso. O Regente, a quem a peça é dedicada, concede-lhe uma gratificação. É consagrado como grande poeta, passa a assinar Voltaire.

1720-22. Voltaire faz excelentes negócios e aplicações que lhe aumentam a fortuna herdada do pai, falecido em 1722. Tem uma vida mundana intensa.

1721. Montesquieu: *Lettres persanes* [*Cartas persas*]. Em Londres, Robert Walpole torna-se primeiro-ministro; ocupará o cargo até 1742.

1722. Voltaire faz uma viagem à Holanda: admira a tolerância e a prosperidade comercial desse país.

1723. Publicação, sem autorização da censura, de *La ligue* [A liga] (primeira versão de *Henriade*), poema épico.

1723-74. Reinado de Luís XV.

1724. Nascimento de Kant.

1725. Voltaire consegue ser admitido na Corte. Suas tragédias *Oedipe*, *Marianne* [Mariana] e a nova comédia *L'Indiscret* [O indiscreto] são representadas nas festas do casamento do rei.

1726. Voltaire discute com o cavaleiro de Rohan, que alguns dias depois manda empregados espancarem-no. Voltaire se indigna, quer um duelo, sendo mandado à Bastilha (17 de abril). Quinze dias depois é forçado a partir para a Inglaterra, onde permanece até fins de 1728. Após um período difícil, adapta-se e faz amizades nos diversos meios da aristocracia liberal e da política, entre os intelectuais. O essencial das experiências inglesas será condensado para o público francês nas *Lettres philosophiques* [*Cartas filosóficas*], concebidas nessa época: não a descoberta, mas o reconhecimento entusiasta de uma sociedade progressista na qual já estavam em andamento os novos valores da "filosofia das Luzes", a tolerância, a liberdade de pensamento, o espírito de reforma de empreendimento.

Jonathan Swift: *Gulliver's Travels* [*Viagens de Gulliver*].

1727. Publicação de dois ensaios redigidos em inglês: *An Essay on the Civil Wars of France* [Um ensaio sobre as guerras civis na França] e *An Essay on Epic Poetry* [Um ensaio sobre a poesia épica].

1728. Voltaire dedica à rainha da Inglaterra a nova *Henriade*, editada em Londres por subscrição. Em outubro volta à França.

1729-30. Voltaire se lança em especulações financeiras, um tanto tortuosas mas legais na época, que lhe renderão o bastante para viver com conforto e independência. Representação da tragédia *Brutus* [Brutus]. Escreve uma ode sobre a morte de Adrienne Lecouvreur, atriz sua amiga, que uma dura tradição religiosa privou de sepultura cristã.

1731-32. Impressão clandestina de *Histoire de Charles XII* [História de Carlos XII], cuja imparcialidade desagradou ao poder, e que alcança grande sucesso. Sucesso triunfal de *Zaïre* [Zaire], tragédia que será representada em toda a Europa.

1733. Publicação de *Le temple du goût* [O templo do gosto], obra de crítica literária e afirmação de um gosto independente que desafia os modos oficiais e levanta polêmicas. Início da longa ligação com a sra. du Châtelet.

1734. *Lettres philosophiques*, impressas sem autorização legal, causam grande escândalo: o livro é apreendido e Voltaire ameaçado de prisão. Refugia-se no castelo dos Châtelet, em Cirey-en-Champagne, a algumas horas de fronteiras acolhedoras. Por mais de dez anos, Cirey será o abrigo que lhe permitirá manter-se à distância das ameaças da autoridade. Montesquieu: *Considérations sur les causes de la grandeur des Romains et de leur décadence* [Considerações sobre as causas da grandeza dos romanos e de sua decadência]. Johann Sebastian Bach: *Weihnachtsoratorium* [*Oratório de Natal*].

1735-36. Breves temporadas em Paris, com fugas ante ameaças de prisão. Representação das tragédias *La mort de César* [A morte de César] (adaptada de Shakespeare) e *Alzire* [Alzira]. Publicação do poema *Mondain* [Mundano], impertinente provocação às morais conformistas. Um novo escândalo, mais uma fuga, desta vez para a Holanda. Início da correspondência entre Voltaire e o príncipe real Frederico da Prússia.

1737-39. Longas temporadas em Cirey, onde Voltaire divide o tempo entre o trabalho e os divertimentos com boas companhias. Aplica-se às diversas atividades de "filósofo": as ciências (interessa-se pela difusão do newtonismo); os estudos bíblicos; o teatro e os versos (começa *Mérope* [Merope], adianta *Discours sur l'homme* [Discurso sobre o homem]); a história da civilização (*Siècle de Louis XIV* [Século de Luís XIV]). Tudo entremeado de visitas, negócios, processos judiciais e discussões com literatos. Viagem com a sra. du Châtelet à Bélgica e à Holanda, onde representa Frederico da Prússia entre os livreiros de Haia, para a impressão de *Anti-Machiavel* [Anti-Maquiavel], escrito pelo príncipe filósofo. É editada uma coletânea dos primeiros capítulos do *Siècle de Louis XIV*, que é apreendida.

1740. Primeiro encontro de Voltaire com Frederico, nesse ano coroado rei da Prússia em Clèves. O rei leva-o a Berlim e quer segurá-lo na corte, mas só o retém por algumas semanas.

1741-43. Estréia de duas tragédias, *Mahomet* [Maomé] e *Mérope*, com grande sucesso, a primeira escandaliza os devotos de Paris e é retirada de cena. Voltaire intercala temporadas em Cirey com viagens a Bruxelas. Cumpre missões diplomáticas oficiosas junto a Frederico II, que insiste com o filósofo para que se estabeleça na Prússia.

1743. Nascimento de Lavoisier.

1744-46. Fortalecido pelos serviços diplomáticos prestados, Voltaire reaproxima-se da Corte. Torna-se o poeta da corte, sustentado pelo apoio de Madame de Pompadour, de quem fora confidente. São anos de glória oficial: *Princesse de Navarre* [Princesa de Navarra] é encenada no casamento do delfim; é nomeado historiógrafo do rei; o papa aceita a dedicatória de *Mahomet*; é eleito para a Academia Francesa.

1747-48. Uma imprudente impertinência de Voltaire traz-lhe o desfavor na corte. Refugia-se no castelo de Sceaux, da duquesa de Maine. Publicação da primeira versão de *Zadig* [Zadig] em Amsterdam, de *Babouc* [*Babuc*] e *Memnon* [*Mêmnon*]. Passa temporadas em Lunéville, na corte do rei Estanislau. Foi um dos piores momentos de sua vida: minado pela doença, solitário, incerto do futuro e mesmo de moradia.

1748. Hume: *Philosophical Essays Concerning Human Understanding* [Ensaios filosóficos sobre o entendimento humano].
Montesquieu: *L'esprit des lois* [*O espírito das leis*].

1749. Morte de Émilie du Châtelet em Lunéville. Voltaire volta a Paris e instala-se na casa de sua sobrinha viúva, a sra. Denis. Reata com antigos amigos, freqüenta os meios teatrais. Nascimento de Goethe.

1750. J.-J. Rousseau: *Discours sur les sciences et les arts* [*Discurso sobre as ciências e as artes*].

1750-51. Cartas de Frederico II, prometendo favores, amizade e fortuna, levam Voltaire a resolver mudar para a Prússia. A acolhida é calorosa, mas logo começam as desavenças. Em Berlim e em Potsdam, Voltaire sente-se vigiado, obrigado a agradar, porém trabalha à vontade quando se mantém afastado: termina *Le siècle de Louis XIV*, iniciado havia vinte anos.

1751. Início da publicação da *Encyclopédie* [Enciclopédia].

1752. Publicação de *Micromégas* [*Micrômegas*].

1752-53. A permanência em Potsdam torna-se cada vez mais difícil. Voltaire escreve um panfleto (*Diatribe du docteur Akakia* [Diatribe do doutor Akakia]) contra Maupertuis, presidente da Academia de Berlim, defendido por Frederico II, que manda queimar em público o libelo. Em março de 53 Voltaire consegue permissão para deixar Berlim com o pretexto de ir para uma estação de águas. Volta à França por etapas; mas uma ordem de Frederico II o retém como prisioneiro durante cinco semanas em Frankfurt, por causa de um exemplar da obra de poesia do rei que o filósofo levara consigo. Essa humilhação convence-o da necessidade de armar-se para a independência.

1755. Depois de uma tentativa malograda de instalar-se em Colmar, na Alsácia, quando teve contra si os religiosos, os devotos e os fiéis, Voltaire instala-se na Suíça. Compra a propriedade Délices, perto de Genebra, descobre a natureza e a vida rústica, mas não deixa de montar espetáculos teatrais em casa, para escândalo do austero Grande Conselho de Genebra. Participa da *Encyclopédie*, fornecendo artigos até 1758, quando opta por formas mais diretas de propaganda.
Terremoto de Lisboa.
J.-J. Rousseau: *Discours sur l'origine et les fondements de l'inégalité parmi les hommes*

[*Discurso sobre a origem e os fundamentos da desigualdade entre os homens*].

1756. Sempre ativo, a despeito da idade, convivendo bem com os genebrinos, o filósofo é feliz. Abalado pelo terremoto de Lisboa, escreve *Poème sur le désastre de Lisbonne* [Poema sobre o desastre de Lisboa], atacando a Providência e o otimismo filosófico. Lança *Poème sur la loi naturelle* [Poema sobre a lei natural], que escandaliza pelo deísmo. Entrega à publicação a síntese de *Essai sur les moeurs* [Ensaio sobre os costumes].
Início da Guerra dos Sete Anos.
J.-J. Rousseau escreve *Lettre à Voltaire sur la Providence* [*Carta a Voltaire sobre a providência*], contra o *Poème sur le désastre de Lisbonne.*

1757. A correspondência de Voltaire torna-se o eco de seu século. Afeta indiferença, mas não cessa de lutar por seus ideais. Executam o almirante Byng, na Inglaterra, por quem Voltaire intercedera o ano anterior. Um louco atenta contra a vida de Luís XV. Os partidos religiosos se engalfinham na França, mas se unem contra os enciclopedistas. O artigo "Genève" [Genebra] provoca indignação em Genebra, ameaçando o agradável retiro do filósofo. Voltaire reata a correspondência com Frederico II.

1758. Voltaire trabalha para completar e reformular *Essai sur les moeurs*, acentuando a orientação militante da obra. Tenta conciliar o grupo dos enciclopedistas; não o conseguindo, cessa de colaborar em junho. A guerra européia se alastra, apesar das tentativas do filósofo de aproximar Berlim e Versailles. Complicam-se as relações entre o filósofo e a cidade de Genebra. Compra as terras de Ferney, na fronteira da Suíça, mas território francês, para onde se muda acompanhado da sobrinha, a sra. Denis. Escreve *Candide* [*Cândido*] e umas Memórias, depois abandonadas.

J.-J. Rousseau: *Lettre sur les spectacles* [Carta sobre os espetáculos], em resposta ao artigo "Genève".

1759. Publicação de *Candide*, em janeiro, logo condenado mas com imenso sucesso. A condenação da *Encyclopédie* intensifica as suas polêmicas contra os adversários dos filósofos: *Relation de la maladie, de la confession, de la mort, et de l'apparition du jésuite Berthier* [Relação da doença, da confissão, da morte e da aparição do jesuíta Berthier]; *Le pauvre diable* [O pobre diabo] (1758) contra Fréron; *La vanité* [A vaidade], sátira contra Lefranc e Pompignan, autor de poesias sacras. Leva vida intensa, dividindo-se entre Délices e Ferney.

1760. Em dezembro, Voltaire instala-se definitivamente em Ferney. Assume, diante da opinião de seu tempo, uma espécie de ministério do progresso "filosófico".
Franklin: invenção do pára-raio.
Diderot: *La religieuse* [*A religiosa*].

1761. As *Lettres sur la Nouvelle Héloïse* [Cartas sobre a Nova Heloísa], sob a assinatura do marquês de Ximènes, ridicularizando o romance *Julie, ou la Nouvelle Héloïse* [*Júlia, ou a Nova Heloísa*], publicado no mesmo ano, marcam o início das hostilidades públicas com J.-J. Rousseau. Colaboração numa edição comentada do teatro de Corneille, que servirá para dar o dote de uma sobrinha-neta do autor clássico, adotada por Voltaire.

1762. Jean-Jacques Rousseau: *Le contrat social* [*O contrato social*] e *Émile ou De l'éducation* [*Emílio ou Da educação*].

1762-63. Ampliação da propaganda deísta, com a publicação de dois textos polêmicos: *Le sermon des cinquante* [O sermão dos cinqüenta] e *Extrait du testament du curé Meslier* [Resumo do testamento do padre Meslier]. Em 10 de março, o protestante Jean Calas, acusado falsamente da morte do filho, é executado em Toulouse, Voltaire lança-se numa campanha para reabilitá-lo, conseguindo a revisão do processo (1765). Para esse fim escreve *Traité sur la tolérance* [*Tratado sobre a tolerância*].

1764. Representação, em Paris, da tragédia *Olympie* [Olímpia], que como as anteriores desde *Tancrède* [Tancredo] (1760) não obtém sucesso. Publicação do *Dictionnaire philosophique portatif* [Dicionário filosófico de bolso], concebido em 1752 na Prússia, um instrumento de propaganda largamente difundido. A uma acusação das *Lettres sur la montagne* [Cartas sobre a montanha], de Rousseau, Voltaire replica com o cruel panfleto *Sentiment des citoyens* [Sentimento dos cidadãos].

1765. Voltaire acolhe a reabilitação de Calas como "uma vitória da filosofia". A partir daí, solicitado ou por própria iniciativa, intervirá em causas desse gênero quase todos os anos. Publicação de *La philosophie de l'histoire* [*A filosofia da história*]. Encarrega-se da defesa da família Sirven, sendo ajudado financeiramente em sua ação judiciária pelos reis da Prússia, da Polônia, da Dinamarca e por Catarina da Rússia. *Conseils à un journaliste* [*Conselhos a um jornalista*] é impresso no tomo I de *Nouveaux mélanges* [Novas miscelâneas].

1766. Condenação e execução do cavaleiro De la Barre por manifestações libertinas à passagem de uma procissão religiosa. Encontram um *Dictionnaire philosophique* [Dicionário filosófico] na casa do cavaleiro, e atribuem a sua atitude irreverente à influência dos filósofos. Voltaire assusta-se e passa para a Suíça; de volta a Ferney, empreende a reabilitação de De la Barre.

1767. Publicação de *Anecdote sur Bélisaire* [Histórias sobre Belisário] e *Questions de Zapatta* [Questões de Zapatta] (contra a Sorbonne), *Le dîner du comte de Boulainvilliers* [O jantar do conde de Boulainvilliers] (contra o cristianismo), *L'ingénu* [*O ingênuo*] e *Recueil nécessaire* [Compilação necessária], do qual faz parte *Le tombeau du fanatisme* [*O túmulo do fanatismo*].

1768. Publicação de *Précis du siècle de Louis XV* [Síntese do século de Luís XV], *La princesse de Babylone* [*A princesa de Babilônia*], *L'Homme aux quarante écus* [*O homem dos quarenta escudos*], *Les singularités de la nature* [As singularidades da natureza] (espécie de miscelânea de filosofia das ciências).

1769. *Le pirronisme de l'histoire* [*O pirronismo da história*] é publicado pela primeira vez na coletânea intitulada *L'Évangile du jour* [O Evangelho do dia].

1770. Voltaire lança ao ministério francês a idéia de facilitar o estabelecimento de refugiados genebrinos em Versoix, na França, o que ativaria a indústria e o comércio, fazendo concorrência a Genebra. Sem ajuda oficial, com sua imensa fortuna, Voltaire conseguiu realizar isso em pequena escala. Como um patriarca, adorado de seus protegidos, cuida de questões administrativas e de obras públicas da região de Gex, onde fica Ferney. Em Paris, é feita subscrição pública para a estátua de Voltaire executada por Pigalle; J.-J. Rousseau está entre os subscritores.
Nascimento de Hegel.

1771-72. Pela segunda vez, Voltaire compõe um dicionário, acerca de suas idéias, convicções, gosto, etc. São os nove volumes de *Questions sur l'Encyclopédie* [Questões sobre a Enciclopédia], publicados à medida que eram terminados. Publicação de *Épître à Horace* [Epístola a Horácio].

1772. Fim da publicação da *Encyclopédie*.

1773. Sem abandonar suas lutas nem sua direção filosófica (ao que dedica há anos a sua correspondência), deixa diminuir a produção literária, sofre graves acessos de estrangúria em fevereiro e março. Contudo, sustenta, com *Fragments historiques sur l'Inde* [Fragmentos históricos sobre a Índia], os esforços do conde Lally-Tollendal para a reabilitação do pai, injustamente condenado à morte em 1766. O papa Clemente XIV dissolve a ordem dos jesuítas.

1774. Em agosto, o enciclopedista Turgot é nomeado controlador geral das finanças; suas medidas de liberalização do comércio dos grãos são acolhidas com entusiasmo em Ferney. Morte de Luís XV.

1774-92. Reinado de Luís XVI.

1776. Voltaire sustenta a política econômica de Turgot até a sua queda (maio de 1776), que deplorará como uma derrota da filosofia do século. Publicação da tragédia *Don Pèdre* [Dom Pedro], não encenada, e dos dois contos *Les oreilles du comte de Chesterfield* [*Os ouvidos do conde Chesterfield*], e a curiosa *Histoire de Jenni* [*História de Jenni*], contra as audácias do ateísmo e do materialismo modernos. Em dezembro, um édito de Turgot concede à região de Gex uma reforma fiscal solicitada por Voltaire havia anos. Fruto de trinta anos de crítica apaixonada da Bíblia e de sua exegese, é publicado *La Bible enfin expliquée* [A Bíblia enfim explicada]. Declaração de independência das colônias inglesas na América. Thomas Paine: *The Common Sense* [*Senso comum*].

Adam Smith: *The Wealth of Nations* [*A riqueza das nações*].

1777. Os *Dialogues d'Évhémère* [Diálogos de Évhémère], última volta ao mundo filosófico de Voltaire.

1778. Já doente, Voltaire chega a Paris em fevereiro. Dez dias de visitas e homenagens ininterruptas deixam-no esgotado. Fica acamado três semanas, confessa-se e recebe a absolvição, depois de submeter-se a uma retratação escrita, declarando morrer na religião católica. É a última batalha do velho lutador: a insubmissão, com o risco de ser jogado na vala comum após a morte, ou a submissão, com a negação de sua obra e de sua influência. Mal se restabelece, recomeça a roda-viva. 30 de março é seu dia de apoteose com sessão de honra na Academia e representação triunfal da tragédia *Irène* [Irene]. Em 7 de abril é recebido maçom na loja das Neuf-Soeurs. Esgota-se redigindo um plano de trabalho para a Academia. Morre no dia 30 de maio e, apesar das interdições, é enterrado em terra cristã, na abadia de Scellières, em Champagne. Morte de Rousseau, em 2 de julho.

1791. Em 12 de julho as cinzas de Voltaire são transferidas ao Panthéon, em meio à alegria popular.

DO JUSTO E DO INJUSTO[1]

Quem nos deu o sentimento do justo e do injusto? Foi Deus, que nos deu um cérebro e um coração. Mas em que momento nossa razão nos ensina que há vício e há virtude? Quando nos ensina que dois e dois são quatro. Não há conhecimento inato, pela mesma razão por que não há árvore que contenha folhas e frutos ao sair da terra. Nada é aquilo que chamam inato, ou seja, desenvolvido ao nascer; mas – cabe repetir[2] – Deus nos faz nascer com órgãos que, crescendo, nos permitem sentir tudo o que nossa espécie deve sentir para a sua própria conservação.

E como se dá esse mistério contínuo? Dizei-me vós, habitantes amarelos do arquipélago de Son-

1. *Dicionário filosófico*, 1767. (B.)

2. Provavelmente Voltaire se refere aqui ao que disse no artigo CAUSES FINALES. Ver *Dictionnaire philosophique*, II, *in* Voltaire, *Oeuvres complètes*, Garnier, Paris, 1878, tomo XVIII, p. 97.

da, africanos negros, canadenses imberbes, e vós, Platão, Cícero, Epicteto, vós que sentis, todos de igual modo, que mais vale dar o supérfluo de vosso pão, de vosso arroz ou de vossa mandioca ao pobre que vos suplica humildemente do que matá-lo ou arrancar-lhe os dois olhos. É evidente para toda a terra que um benefício é mais honesto que um ultraje, que a brandura é preferível à exaltação.

Cumpre apenas, portanto, usar nossa razão para discernir os matizes da honestidade e da desonestidade. Bem e mal tantas vezes estão próximos; nossas paixões os confundem: quem nos esclarecerá? Nós mesmos, quando estamos tranqüilos. Qualquer um que tenha escrito sobre nossos deveres bem escreveu em todas as partes do mundo, pois escreveu usando sua própria razão. Disseram todos a mesma coisa: Sócrates e Epicuro, Confúcio e Cícero, Marco Aurélio e Amurath II tiveram a mesma moral.

Convém repetir todos os dias a todos os homens: a moral é uma só, vem de Deus; os dogmas são diferentes, vêm de nós.

Jesus não ensinou dogma metafísico nenhum; não escreveu tratados teológicos; não disse: sou consubstancial; tenho duas vontades e duas naturezas com uma só pessoa. Deixou aos franciscanos e dominicanos, que viriam mil e duzentos anos depois dele, a incumbência de discutir se sua mãe foi concebida no pecado original; nunca disse que o casamento é o sinal visível de uma coisa invisível; nunca disse palavra alguma sobre a graça concomitante; não instituiu monges nem inquisidores; nada do que hoje vemos foi ordenado por ele.

Deus dera o conhecimento do justo e do injusto em todos os tempos que precederam o cristianismo. Deus não mudou nem pode mudar: o fundo de nossa alma, nossos princípios de razão e moral serão eternamente os mesmos. De que servem à virtude distinções teológicas, dogmas baseados nessas distinções, perseguições baseadas nesses dogmas? A natureza, aterrada e revoltada contra todas essas invenções bárbaras, brada a todos os homens: sede justos, e não sejais sofistas perseguidores[3].

Pode-se ler no *Sader,* que é o resumo das leis de Zoroastro, a seguinte máxima sábia: "Se não souberes ao certo se uma ação proposta é justa ou injusta, abstém-te." Quem terá algum dia ditado regra mais admirável? Que legislador terá falado tão bem? Não se vê aí o sistema das opiniões prováveis, inventado por gente que se autodenominava *companhia de Jesus.*

3. Fim do artigo de 1767; a última alínea foi acrescentada em 1769, em *Raison par alphabet.* (B.)

Justiça[4]

Não é de hoje que se diz que a justiça é freqüentemente injusta: *Summus jus, summa injuria* é um dos provérbios mais antigos. Há várias maneiras pavorosas de ser injusto: por exemplo, a de supliciar na roda o pobre Calas com base em indícios equívocos e a de tornar-se culpado de derramar sangue inocente por acreditar demais em vãs presunções.

Outra maneira de ser injusto é condenar ao suplício extremo um homem que mereceria no máximo três meses de prisão: essa espécie de injustiça é a dos tiranos e sobretudo a dos fanáticos, que se tornam sempre tiranos desde que tenham o poder de fazer o mal.

Não podemos demonstrar melhor essa verdade do que pela carta que um célebre advogado escreveu em 1766 ao senhor Marquês de Beccaria, um dos mais célebres professores de jurisprudência da Europa[5].

4. *Questions sur l'Encyclopédie*, sétima parte, 1771. (B.)

5. Em *Questions sur l'Encyclopédie*, sétima parte, 1771, verifica-se que Voltaire menciona aqui o *Relatório da morte do cavaleiro De la Barre*, que já fora publicado separadamente.

O PREÇO DA JUSTIÇA[1]

(1777)

Gazette de Berne, nº XIV, 15 de fevereiro de 1777[2]

Berna, 13 de janeiro. – Um amigo da humanidade, que, satisfeito por fazer o bem, quer subtrair-se ao reconhecimento público ocultando seu nome, impressionado com os inconvenientes oriundos da imperfeição das leis criminais da maioria

1. Não se deve entender aqui por humanidade o *humanum genus*, a natureza humana, o gênero humano, *Homo sum, humani nihil a me alienum puto*, pois não se dá um prêmio ao gênero humano, à natureza humana, mas à alma mais humana, mais sensível, que tenha acrescentado o máximo de justiça a essa virtude. Ver *Dictionnaire de l'Académie française*. (Nota de Voltaire)

2. A *Gazette de Berne* de 15 de fevereiro de 1717 contém o artigo citado por Voltaire no princípio de seu texto. O prêmio devia ser dado em 1779: Voltaire não tinha, portanto, nenhuma intenção de concorrer, pois sua obra fora impressa já em 1777; as primeiras folhas foram enviadas a Catarina II em 28 de outubro (ver carta de Catarina de 4 de dezembro). Um exemplar completo foi enviado a Laharpe em 19 de novembro, mas a obra só foi divulgada em Paris bem mais tarde. Os *Mémoires secrets* só falam disso na data de 3 de abril de 1778. Não se trata do assunto na *Correspondance de Grimm*. (B.)

dos Estados da Europa, pôs à disposição da sociedade econômica desta cidade um prêmio de cinqüenta luíses em favor da dissertação que a sociedade julgar melhor sobre o seguinte assunto:

"Compor e redigir um plano completo e minucioso de legislação sobre as matérias criminais, a partir de três pontos de vista: 1º) dos crimes e das penas proporcionais que convenha aplicar-lhes; 2º) da natureza e da força das provas e das presunções; 3º) da maneira de constituí-las por via do procedimento criminal, de tal modo que a moderação da instrução e das penas seja conciliada com a certeza de uma punição pronta e exemplar, e que a sociedade civil encontre a maior segurança possível para a liberdade e a humanidade[3].

....

3. Eis a seqüência e o fim do artigo extraído da *Gazette de Berne*:

"Embora até o momento a sociedade se tenha dedicado de maneira mais particular à física e à agricultura, é grande demais o seu amor pela busca da verdade e da utilidade em todos os gêneros para deixar de se encarregar com prazer da publicação de uma questão que, sendo tão interessante para todas as nações, tende a lançar novas luzes sobre um dos ramos mais importantes da legislação. O prêmio será conferido no fim do ano 1779, e os trabalhos para concurso deverão ser remetidos, com todas as despesas pagas, ao senhor doutor Tribolet, secretário perpétuo da sociedade, e serão aceitos até o dia 1º de julho de 1779. Poderão ser escritos em latim, francês, alemão, italiano ou inglês. O nome do autor deverá vir numa missiva lacrada que conterá a mesma divisa presente no trabalho que a acompanhar."

"Os trabalhos para concurso devem ser remetidos, com todas as despesas pagas, ao senhor doutor Tribolet, secretário perpétuo da sociedade, e serão aceitos até 1º de julho de 1779."

* * *

Um outro desconhecido[4], tocado pelo mesmo zelo, acrescenta cinqüenta luíses ao prêmio proposto e deposita-os nas mesmas mãos, a fim de que a sociedade, a seu talante, aumente o prêmio ou conceda algum *accessit*.

A quem propuser trabalhos apresentaremos nossas dúvidas sobre assunto tão importante, para que eles as solucionem se julgarem que elas disso são dignas.

Artigo I

Dos crimes e das penas proporcionais

As leis não podem deixar de ressentir-se da fraqueza dos homens que as fizeram. Elas são variáveis como eles.

....

4. O próprio Voltaire; ver a carta de d'Alembert a Voltaire, de 18 de novembro, bem como a carta de Voltaire a Laharpe, de 19 de novembro. O rei da Prússia e o *landgrave* de Hesse também haviam remetido dinheiro para o mesmo prêmio.

Algumas, nas grandes nações, foram ditadas pelos poderosos com o fim de esmagar os fracos. Eram tão equívocas que mil intérpretes se apressaram a comentá-las; e, como a maioria só fez sua glosa como quem executa um ofício para ganhar algum dinheiro, acabou o comentário sendo mais obscuro que o texto. A lei transformou-se numa faca de dois gumes que degola tanto o inocente quanto o culpado. Assim, o que devia ser a salvaguarda das nações transformou-se tão amiúde em seu flagelo que alguns chegaram a perguntar se a melhor das legislações acaso não consistiria em não se ter nenhuma.

Senão vejamos. Se vos moverem um processo de que dependa a vossa vida, e se de um lado estiverem as compilações dos Bartolos, Cujas[5] etc. e do outro vos apresentarem vinte juízes pouco eruditos mas que, sendo anciãos isentos das paixões que corrompem o coração, estejam acima das necessidades que o aviltam e sejam afeitos aos negócios, cujo hábito quase sempre retifica o entendimento, dizei-me: por quem escolheríeis ser julgados, por aquela turba de palradores orgulhosos, tão interesseiros quanto ininteligíveis, ou pelos vinte ignorantes respeitáveis?

5. Bartolo (Bartolo da Sassoferrato, 1313-1357), jurista italiano da *escola dos comentadores*; Cujas (Jacques Cujas, 1520-1590), jurisconsulto francês, representante da *escola histórica*. (N. da T.)

Depois de bem perceber a dificuldade quase intransponível de compor um bom código penal, que esteja tão distante do rigor quanto da indulgência, suplico a todos quantos se dedicarem a essa penosa tarefa: senhores, esclarecei-me sobre os delitos a que a miseranda natureza humana está mais sujeita. Um Estado bem policiado não deverá preveni-los na medida do possível, antes de pensar em puni-los?

Eu vos proporia recompensar as virtudes do povo, segundo a lei estabelecida no império mais antigo e bem policiado da Terra, não estivéssemos nós adstritos, pelo tema, às punições dos crimes.

Comecemos pelo roubo, que é a mais comum das transgressões.

Artigo II

Do roubo

Sendo de ordinário a gatunice, o furto e o roubo crimes de pobres, e como as leis foram feitas pelos ricos, não vos parece que todos os governos, que estão nas mãos dos ricos, devem começar por tentar destruir a mendicidade, em vez de ficar à espreita da ocasião de entregá-la aos carrascos?[6]

6. Em todo país onde, por efeito das más leis, uma grande parte dos habitantes não tem propriedade de raiz nem capital, a sociedade

Nos reinados florescentes foram promulgados editos, decretos e decisões, com o fim de tornar mais útil a si mesma e ao Estado essa multidão medonha de indigentes que desonra a natureza humana.

Mas de um edito à sua execução há tanta distância que o projeto mais sábio acabou sendo o mais inútil. Assim, esses grandes Estados são sempre um viveiro de ladrões de toda espécie.

Neles se enforcam os pequenos ladrões, como se sabe; o roubo doméstico é punido, e não impedido pelo patíbulo.

Viu-se o enforcamento, em cidade riquíssima[7], não faz muito tempo, de uma moça de dezoito anos, dona de rara beleza. Qual era seu crime? Subtraíra dezoito toalhas de uma taberneira, sua patroa, que não lhe pagava o salário.

Toda a canalha que acorre a esses espetáculos, como quem vai ao sermão, por não se pagar en-

....

é afligida por esse flagelo. É bom, sem dúvida, que haja casas onde se ofereça pão àqueles que não podem ganhar a vida, sujeitando-os a um trabalho que eles sejam capazes de realizar; mas esses asilos devem ser livres. As pessoas humanas e justas sempre se sentirão tocadas ao verem um infeliz condenado à perda da liberdade por ter pedido ajuda a outro homem. Com boas leis, os mendigos seriam raros, e o pequeno número que ainda pudesse haver não seria incômodo nem perigoso. (K.)

7. Em Lyon, 1772; ver artigo SUPPLICES, seção III, *Dictionnaire philosophique*, IV, *in* Voltaire, *Oeuvres complètes*, *op. cit.*, tomo XX, p. 403.

trada, desfazia-se em lágrimas; e ninguém teria ousado libertar a vítima, embora todos desejassem apedrejar a bárbara que a levava à morte.

Qual é o efeito dessa lei desumana que põe assim na balança uma vida preciosa contra dezoito toalhas? O efeito é multiplicar os roubos. Pois qual será o patrão que ousará renunciar a todos os sentimentos de honra e piedade a ponto de entregar seu criado, culpado de erro tão pequeno, para que ele seja enforcado à sua porta? Quase todos se limitam a expulsá-lo: e ele vai roubar alhures, acabando muitas vezes por transformar-se em bandido assassino. E a lei o terá feito assim; ela é culpada de todos os seus crimes.

Na Inglaterra, não foi ainda revogada a lei que pune com a pena de morte qualquer um que roube mais de doze soldos[8]. Isso não é muito. Em outros lugares, o furto da menor alfaia numa casa real leva ao patíbulo; e há vários exemplos disso.

Será para reparar o prejuízo causado ao rei? Certamente é ele quem, no reino, menos empo-

8. Essa lei não é cumprida. O uso é esquivar-se da lei ou recorrer ao rei, para que ele comute a pena. Em quase todos os lugares os costumes são mais brandos que as leis, que foram feitas nos tempos em que os costumes eram ferozes. É estranho que a Inglaterra, cujos dignitários são tão esclarecidos, permita a subsistência de tão grande quantidade de leis absurdas. Elas não são mais cumpridas, é verdade; mas forçam a nação a deixar ao Poder Executivo o direito de modificar ou infringir a lei. (K.)

brece se roubado. Será por se ver o delinqüente como um filho que roubou o pai? Um pai perdoaria. Será por ter o escravo roubado seu amo? Devo calar-me; teria coisas demais para dizer.

Acaso poderá a posteridade acreditar que na Inglaterra, onde, nos últimos séculos, nasceram tantas leis favoráveis ao povo, tenha sido imposta a pena de morte pelo contrabando de uma pele de carneiro? Será possível acreditar que, em 1624, o rei de Espanha, Filipe IV, com um edito condenou à forca qualquer um que levasse uma libra de ouro ou de prata ou de cobre para fora de seu reino? E foi o dono das minas do México e do Peru que criou essa lei!

Em quase todos os países católicos, para o roubo de um cálice, um cibório, um ostensório, a pena comum é a fogueira, como nos dizem as Institutas do Direito Criminal de França, p. 445.

Ninguém examina se, em tempos de fome, algum pai de família terá furtado esses ornamentos para alimentar a família agonizante, se o culpado teve a intenção de cometer um ultraje contra Deus, se é possível ultrajá-lo, se Deus precisa de um cibório, se o ladrão sabia o que é um cibório, se esse cibório de prata dourada não estava abandonado por negligência, o que atenuaria o delito. O sacristão que criou essa lei terá pensado que um homem queimado vivo não pode mais arrepender-se e reparar suas faltas?[9]

Neste ano de 1777 foi enforcado em Londres o mais famoso pregador da Inglaterra, chamado Dodd[10]; e era não só um grande pregador, mas diretor das consciências mais timoratas; e não só diretor de consciências, mas promotor dos estabelecimentos mais caritativos. Foi considerado culpado pelo roubo de três mil libras esterlinas num crime de falsificação, ao imitar a assinatura do jovem conde de Chesterfield, de quem era capelão e pensionário. Dizem que mais de vinte mil cidadãos pediram em vão a sua graça, e que o governo se sentiu obrigado a recusá-la porque o crime de falsificação é muito comum naquela nação guerreira e mercantil. Todos os devotos do capelão Dodd choraram no seu enforcamento, e ele havia edificado todos os espectadores. Não há dúvida de que sua punição teria sido mais exemplar e útil se ele tivesse sido visto, durante um ou dois anos,

9. Em 1780, por decisão do Parlamento de Paris, um infeliz foi condenado a ser queimado vivo por serem fortes as suspeitas de que ele tivesse roubado um cálice. Contudo, não existe nenhuma lei formal que determine a pena da fogueira contra esse delito; por isso, esse mesmo tribunal, por esse mesmo crime, só condenou às galés sempre que um dos juízes teve a coragem de exigir que fossem atendidos os direitos da razão e da humanidade. (K.)

10. William Dodd, nascido em Bourne em 1729, foi executado em 27 de junho de 1777.

com uma corrente no pescoço, a limpar com suas mãos sacerdotais as sujíssimas ruas de Londres, e se depois fosse mandado para a Ilha de Terra Nova, que tanto precisa de trabalhadores braçais, para o preparo do bacalhau.

Teria pregado à vontade para os devotos dos bairros londrinos; teria civilizado os mercenários da ilha e os seus selvagens; ali se teria casado; teria filhos, que ele educaria no temor a Deus e no amor ao próximo.

O abade Lacoste[11], que trabalhou por muito tempo em Paris num jornal chamado *L'année littéraire* e se descurou a ponto de incidir no mesmo crime do pregador Dodd, foi condenado apenas às galés. Era um homem bem-feito e robusto. Foi útil à pátria enquanto viveu.

Na Alemanha e na França matam na roda, sem distinção, tanto os ladrões de estrada quanto aqueles que à rapina somam o assassinato. E acaso ninguém percebeu ainda que com isso os salteadores advertem-se de que devem tornar-se assassinos, a fim de exterminarem os alvos e testemunhos de seus crimes? Na Inglaterra, os ladrões raramente são assassinos, porque não são forçados a tanto por uma lei que não distingue bem rapina de assassinato.

11. Ver carta a M. de Brun, maio de 1761, *Correspondance*, IX, *in* Voltaire, *Oeuvres complètes*, Garnier, Paris, 1881, tomo X, p. 567.

Cumpre punir, mas não às cegas. Punir, mas utilmente. Se a justiça é pintada com uma venda nos olhos, é mister que a razão seja seu guia.

Artigo III

Do homicídio

Cabe a vós, senhores, examinar em que caso é justo privar da vida o vosso semelhante, vida que lhe foi dada por Deus.

Há quem diga que a guerra sempre tornou esses homicídios não só legítimos como também gloriosos. Todavia, como explicar que a guerra sempre tenha sido vista com horror pelos brâmanes, tanto quanto o porco era execrado pelos árabes e pelos egípcios? Como explicar que os pitagóricos, os terapeutas, os trogloditas, os essênios e todos quantos em algum tempo quiseram imitá-los encarassem as batalhas tão louvadas e tantas vezes ordenadas por deuses de todas as espécies, que as honravam com sua presença, apenas como infames assassinatos múltiplos e como uma reunião de todos os crimes? Os primitivos, aos quais foi dado o nome ridículo de *quakers*, fugiram da guerra e a detestaram por mais de um século, até o dia em que foram forçados por seus irmãos cristãos de Londres a renunciar a essa prerrogativa, que os distinguia de quase todo o restante do mundo. Portanto, apesar de tudo, é possível abster-se de matar homens.

Mas há cidadãos que vos bradam: um malvado furou-me um olho; um bárbaro matou meu irmão; queremos vingança; quero um olho do agressor que me cegou; quero todo o sangue do assassino que apunhalou meu irmão; queremos que seja cumprida a antiga e universal lei de talião.

Não podereis acaso responder-lhes: "Quando aquele que vos cegou tiver um olho a menos, vós tereis um olho a mais? Quando eu mandar supliciar aquele que matou vosso irmão, esse irmão será ressuscitado? Esperai alguns dias; então vossa justa dor terá perdido intensidade; não vos aborrecerá ver com o olho que vos resta a vultosa soma de dinheiro que obrigarei o mutilador a vos dar: com ela vivereis vida agradável, e, além disso, ele será vosso escravo durante alguns anos, desde que lhe seja permitido conservar seus dois olhos para melhor vos servir durante esse tempo."

"Quanto ao assassino de vosso irmão, será vosso escravo enquanto viver. Eu o tornarei útil para sempre a vós, ao público e a si mesmo."

É assim que se faz na Rússia há quarenta anos. Os criminosos que ultrajaram a pátria são forçados a servir à pátria para sempre; seu suplício é uma lição contínua, e foi a partir de então que aquela vasta região do mundo deixou de ser bárbara.

Deus me livre de elogiar os atrozes costumes que reinaram na Europa nos tempos da decadência do Império Romano e de Carlos Magno! Quem tivesse quatrocentos escudos e não soubesse o que fazer com eles podia matar, à escolha, um *antrustion*[12] ou um bispo. Cada assassinato tinha seu preço estabelecido. Na Polônia, até os últimos tempos, qualquer fidalgote, *elector regum et destructor tyrannorum*[13], podia assassinar nobremente um lavrador, um servo de gleba, por cerca de trinta francos de nossa moeda. A vida desses homens, nossos semelhantes, não era mais cara no antigo governo feudal.

Certamente não proponho o incentivo ao homicídio, mas sim o meio de puni-lo sem um novo homicídio. O meio de vingar a família é perdoar. Na Turquia, quando um assassino é condenado a perder a vida, o herdeiro do morto tem a liberdade

12. Eram os principais oficiais ou favoritos do príncipe, que lhe prestavam juramento de fidelidade e entravam para seus serviços, protegendo-o e defendendo-o. Essa palavra deriva de *trustes*, do baixo latim, que quer dizer *fé, fidelidade*, com origem no teutônico *trost* ou *trust*. Pode-se avaliar a consideração de que gozavam esses oficiais pela diferença da multa imposta a quem mutilasse (*castraverat*) ou matasse um homem sálio considerado nobre ou um *antrustion*. O primeiro custava apenas 600 soldos naqueles tempos; o segundo, 1.800. Ver *Glossário* de Ducange. (B.)

13. *Eleitor de reis e destruidor de tiranos*. (N. da T.)

de agraciá-lo: é a antiga lei que os turcos trouxeram das margens do mar da Hircânia. Era a lei de todos os antigos povos da Cítia[14].

Povos que, cultivando excelsas ciências e artes gentis, conservastes leis mais que bárbaras, pensai que alguns filósofos citas outrora fizeram os gregos corar de vergonha!

Vós, que trabalhais na reforma dessas leis, pensai, assim como o jurisconsulto Beccaria, se é racional que, para ensinar os homens a detestar o homicídio, os magistrados sejam homicidas e matem um homem em grande aparato.

....

14. Uma sociedade que compôs três volumes cheios de útil erudição sobre *O espírito das leis* fez uso de um trecho interessante das Viagens de Chardin, que encontro no segundo volume da edição em duas colunas in-4º, 1711, p. 297: "Quando cheguei à Pérsia, tive os persas por bárbaros ao ver que eles não procediam metodicamente como nós. Surpreendia-me o fato de não terem eles, como nós, prisões públicas, executor público, ordem nem método. Achava que era por não serem tão policiados quanto nós, [...] mas, depois de passar quinze anos no Oriente, percebi que isso ocorria porque os crimes não eram tão freqüentes. [...] Quase nunca se ouve falar em invadir casas, em assassinar seus moradores; não se sabe o que é assassinato, duelo, veneno [...] Durante todo o tempo em que estive na Pérsia, só vi um homem ser executado."

A seguir Chardin conta como o juiz exorta a família de um morto a compor-se com o assassino; mas conta também como os sufis bêbados se entregam às mais incríveis barbáries. A Pérsia, depois de Chardin, não passa de um teatro dos mais incríveis assassinatos. A guerra civil devastou tudo durante sessenta anos. Quase como no tempo do Carlos IX em França e de Carlos I na Inglaterra, se é que alguma coisa pode se parecer com nossas guerras religiosas. (Nota de Voltaire)

Ver nota 1, p. 406, sobre *L'avant-propos du Commentaire sur L'esprit des lois*, Mélanges, IX, *in* Voltaire, *Oeuvres complètes*, Garnier, Paris, 1880.

Vede se é necessário matá-lo quando é possível puni-lo de outra maneira, e se cabe empregar um de vossos compatriotas para massacrar habilmente outro compatriota, exceto num único caso: aquele em que não houvesse outro meio de salvar a vida da maioria. É o caso em que se mata um cão raivoso.

Em qualquer outra circunstância, condenai o criminoso a viver para ser útil; que ele trabalhe continuamente para seu país, porque ele prejudicou o seu país. É preciso reparar o prejuízo; a morte não repara nada.

Talvez alguém vos diga: "O senhor Beccaria está enganado; a preferência que ele dá a trabalhos penosos e úteis, que durem toda a vida, baseia-se apenas na opinião de que essa longa e ignominiosa pena é mais terrível que a morte, pois esta só é sentida por um momento. Afirmarão que, tendo razão, a crueldade é toda sua; e que o juiz que condena à forca, à roda e às chamas é o homem indulgente."

Vós respondereis, por certo, que não se trata de discutir qual é a punição mais suave, porém a mais útil. O grande objetivo, como dissemos[15], é

15. Ver capítulos IV e V, *Fragment des Instructions pour Le prince royal*, Mélanges, V, *in* Voltaire, *Oeuvres complètes*, Garnier, Paris, 1879, tomo XXVI, p. 445.

servir o público; e, sem dúvida, um homem votado todos os dias de sua vida a preservar uma região da inundação por meio de diques, ou a abrir canais que facilitem o comércio, ou a drenar pântanos infestados, presta mais serviços ao Estado que um esqueleto a pendular de uma forca numa corrente de ferro, ou desfeito em pedaços sobre uma roda de carroça[16].

Artigo IV
Do duelo

Não falareis do duelo, que em nossas nações modernas é digno de honras e forca? Não nos

16. Desde a ascensão de Isabel, só foi punido de morte na Rússia um pequeno número de pessoas cuja vida foi considerada perigosa. O imperador acaba de abolir a pena do morte em seus Estados. Nos Estados do rei da Prússia, o assassinato é o único crime sujeito à pena capital, pelo menos entre os delitos civis. Devemos confessar que, neste suposto século de corrupção e desvario, a razão e a humanidade ganharam alguma coisa, apesar de tudo. Acaso será de se acreditar que, em meio à canalha da literatura francesa, tenha havido alguns homens suficientemente imbecis e covardes para aliar-se aos carrascos contra os filósofos? Pois bem, senhores, destruí nossas obras, caluniai nossos princípios ou nossas ações, denunciai-nos, mas, pelo menos, quando exortarmos a poupar o sangue humano, não inciteis a derramá-lo. (K.) – Nessa nota, os editores de Kehl modificam um pouco o que Voltaire havia dito no parágrafo X de seu *Comentário ao livro Dos delitos e das penas*; ver capítulo X, "De la peine de mort", *Commentaire sur le livre Des delits et des peines*, Mélanges, IV, *in* Voltaire, *Oeuvres complètes*, *op. cit.*, tomo XXV, p. 555.

direis por que homens como Cipião, Metelo, César e Pompeu não iam ao campo de lide dar estocadas em terça ou em quarta, e por que essa é a glória de um alferes basco ou gascão que, como prêmio de sua valentia e à guisa de elevação cavaleirosa, é condenado a ser enforcado?

Não observareis que toda sociedade se apressa a expulsar um velhaco, de alta posição ou não, que seja surpreendido a roubar no jogo, nem que se trate de algumas pistolas, enquanto toda sociedade acha que é seu dever proteger, salvar e ajudar os culpados de dois dos crimes mais funestos para o gênero humano, que são o duelo e o adultério? Todos se metem em brios de proteger esses dois delitos, dos quais um destrói os defensores do Estado, e o outro dá a tantos pais de família e a tantos príncipes herdeiros que não são seus filhos! Não vos parecem os bárbaros turcos muito mais sábios que nossos bárbaros ocidentais polidos? Os turcos não conhecem a vanglória do duelo nem a galanteria do adultério. Não concordais, aliás, que há delitos que sempre é preciso esforçar-se por ignorar?

Artigo V

Do suicídio[17]

Depois de falar daqueles que matam o próximo, convém dizer uma palavra sobre os que se matam a si mesmos. Pouco se lhes dá, aos que estão bem mortos, se na Inglaterra a lei ordena que eles sejam arrastados pelas ruas com um pau atravessado no corpo, ou que, em outros Estados, os bons juízes criminalistas mandem dependurá-los pelos pés e confisquem seus bens; mas a seus herdeiros importa muito. Não vos parece cruel e injusto despojar um filho da herança do pai, unicamente porque está órfão? Esses antigos costumes, hoje negligenciados mas nem por isso abolidos, eram outrora leis sagradas: pois a Igreja repartia com o senhor feudal, fosse ele rei ou barão, o dinheiro, a terra e os bens móveis do homem que se desgostara da vida. Era ele visto como um escravo que fugira ao senhor, e tomavam-lhe o pecúlio.

Contudo, o direito canônico, que servira de código criminal a nossos ignorantes e bárbaros an-

17. Ver DE CATON, DU SUICIDE, *Dictionnaire philosophique*, II, *in* Voltaire, *Oeuvres complètes*, Garnier, Paris, 1878 tomo VIII, p. 89; SUICIDE ou HOMICIDE DE SOI-MÊME, *Dictionnaire philosophique*, IV, *in* Voltaire, *Oeuvres complètes*, Garnier, Paris, 1879, tomo XX, p. 444 e capítulo XIX, *Du Suicide, Commentaire sur le livre Des délits et des peines*, Mélanges, IV, *in* Voltaire, *Oeuvres complètes*, *op. cit.*, tomo XXV, p. 567.

cestrais, jamais pôde encontrar, no Antigo ou no Novo Testamento, uma única passagem que proíba o suicídio.

Virgílio diz, em seu sexto canto[18], que quem se matou passa o tempo, no limiar dos infernos, a lembrar-se nostalgicamente da vida:

> *...Quam vellent aethere in alto*
> *Nunc et pauperiem et duros perferre labores!*[19]

Virgílio os deplora, embora seja muito duvidoso que devam ser deplorados; mas não os condena. O imperador Marco Aurélio ordena que suas cinzas não sejam perturbadas, e que seus testamentos sejam considerados válidos. (*Loi du divin Marc-Antonin, code*, liv. IX, tít. L.)

O abade de Saint-Cyran, patriarca dos jansenistas, outrora célebre durante algum tempo, escreveu em 1608 a favor do suicídio[20].

Tudo o que se disse para dissuadir dessa ação, descrita ora como corajosa, ora como covarde, resume-se a isto: pertenceis à república; não vos é permitido abandonar o posto sem ordem dela.

18. Versos 436-37 do Canto VI, *Eneida*.

19. Como gostariam agora de executar humildes e duros trabalhos no céu. [N. da T.]

20. Leg. I, Cod. lib. IX, tít. L. De Bonis eorum qui sibi mortem, etc. (Nota de Voltaire)

Tudo o que se disse para justificá-la consiste no seguinte: a república passará muito bem sem mim depois de minha morte, assim como passou antes que eu nascesse. Estou descontente com minha casa, então saio, mesmo correndo o risco de não encontrar outra melhor. Mas que desvario é esse de me pendurarem pelos pés quando não existo mais? E que ladroíce é essa vossa, de roubar meus filhos?[21]

Artigo VI

Das mães infanticidas

Se escusei em demasia os que se matam, amedronta-me o escusar tantas mães que expõem seus filhos, sobretudo as solteiras, vítimas infelizes do amor e da honra, ou melhor, da vergonha.

Muito se louvou e executou o célebre edito do rei de França, Henrique II, que ordena punir

---

21. Em certos casos, o suicídio pode ser uma falta contra a moral, mas nunca pode ser um delito. Ele não ofende diretamente os direitos de outra pessoa nem os da sociedade. A pena imposta ao suicídio não pode prevenir o crime nem repará-lo. Não incide sobre o culpado. Costumes ferozes e uma velha superstição inspiraram a nossos grosseiros antepassados a idéia dessas farsas bárbaras, e a cupidez somou-lhe o confisco. Essa lei quase caiu em desuso na França. Se é cumprida ainda às vezes para satisfazer os estultos e divertir o populacho, isso é feito contra infelizes cuja família, pobre ou obscura demais, não merece que sua honra conte alguma coisa. (K.)

com a morte toda mulher casada ou solteira que, tendo disfarçado a gravidez, dê à luz uma criança que é encontrada morta sem ter sido batizada[22].

....

22. Essa lei é do cardeal Bertrand, chanceler sob Henrique II. Forçar uma mulher solteira a declarar a um juiz aquilo que chamam de "sua vergonha", puni-la com o suplício máximo se, não tendo desejado submeter-se a essa humilhação ou tendo demorado demais para submeter-se-lhe, ela dá à luz uma criança morta, presumir o crime, punir não o delito, pois não se aguarda a sua comprovação, mas sim a desobediência a uma lei cruel e arbitrária, isso é violar ao mesmo tempo a justiça, a razão, a humanidade. E para quê? Para prevenir um crime que só pode ser cometido abafando os sentimentos naturais, expondo-se a acidentes mortais. No entanto, não devem ser acusadas as infelizes que cometem esse crime, mas devem ser acusados o preconceito bárbaro que as condena à vergonha e à miséria caso seu erro venha a tornar-se público e a moral ridícula que perpetua esse preconceito no povo. O meio preconizado pelo sr. Voltaire é o único racional; mas seria preciso que esses hospitais fossem dirigidos por médicos que vissem nas infelizes confiadas a seus cuidados apenas mulheres culpadas de uma falta leve, já por demais expiada pelas conseqüências. Seria preciso ter certeza do sigilo, de que os cuidados ali recebidos pelas parturientes não se limitassem a uns poucos dias; que estas pudessem, na falta de outro recurso, ficar no hospital como obreiras ou amas. Mantendo as crianças nessas casas até uma idade fixada, e ensinando-lhes ofícios – sobretudo ofícios necessários ao consumo da casa –, agregando-lhe jardins, terras que elas cultivassem, seria possível tornar bem pouco custosa a sua educação, criar uma poupança que fosse dada aos rapazes e às moças como dotes se, saindo da casa, eles se casassem com moça ou rapaz que tivesse sido criado do mesmo modo. Esses casamentos teriam a vantagem de furtar esses infelizes aos desgostos aos quais seu estado os expõe no meio do povo. Em vez de vedar os legados feitos aos bastardos, seria preciso que a lei concedesse a todo bastardo reconhecido uma porção dos bens do pai e da mãe. Seria preciso permitir as disposições em favor das concubinas ou mães de crianças reconhecidas, ou residentes na casa de um homem livre; proibir que os juízes admitissem em qualquer caso, contra uma doação, a alegação de que ela teve como causa uma ligação desse tipo; não ter contra as cortesãs leis e polícia diferentes das que existem contra os

O código de Carlos V, conhecido com o título de *Lei Carolina*, ordena que a mãe só seja condenada ao suplício caso a criança tenha vindo ao mundo com vida.

A lei da Inglaterra, ainda menos severa, diz que a mãe deverá escapar à condenação se encontrar uma única testemunha que deponha dizendo que ela deu à luz uma criança morta.

Acaso a contradição que reina entre essas leis não levará a suspeitar de que não são boas, de que melhor teria sido dotar os hospitais onde fosse socorrida toda mulher que se apresentasse para dar à luz secretamente? Com isso teria sido possível salvar, ao mesmo tempo, a honra das mães e a vida dos filhos.

Com muita freqüência não falta aos príncipes o dinheiro para travar uma guerra injusta, que devasta e ensangüenta metade da Europa; mas faltalhes dinheiro para os estabelecimentos mais necessários, que consolariam o gênero humano.

....

outros cidadãos domiciliados. Tais são as únicas leis desse gênero que poderiam impedir a corrupção dos costumes que é provocada pela desigualdade das fortunas. Mas aquelas que foram imaginadas pela carolice, pela tirania dos pais de família, pelo desprezo à fraqueza e à indigência e, sobretudo, pela avidez da polícia, essas só tornam a corrupção mais generalizada, mais crapulosa e mais funesta. (K.)

Artigo VII

De uma multidão de outros crimes

De que modo uma infinidade de celerados poderia fazer à sua terra tanto bem quanto teria sido o mal causado? Um homem que tivesse queimado o celeiro do vizinho não seria queimado em grande pompa, pois um pouco de feno e palha não equivale à vida de um homem que morre em meio a suplício tão cruel; mas, depois de ajudar a reconstruir o celeiro, ele passaria o resto da vida, acorrentado e açoitado, a cuidar da segurança de todos os celeiros da vizinhança.

Mandrin, o mais magnânimo de todos os contrabandistas, teria sido mandado ao interior do Canadá, para lutar contra os selvagens, quando sua pátria ainda possuía o Canadá.

Um falsário é um excelente artista. Numa prisão perpétua, poderia ser empregado em seu próprio ofício, a trabalhar com a verdadeira moeda do Estado, em vez de ser morto numa tina de água fervente, como ordenavam Carlos V e Francisco I.

Um falsificador de documentos, acorrentado por toda a vida, poderia transcrever obras de qualidade, ou os registros de seus juízes, especialmente sua sentença[23].

....

23. Não seria dispendioso nem difícil empregar os criminosos de maneira útil, desde que não fossem reunidos em grande número num

A poligamia não seria caso de forca, a não ser na comédia de *Pourceaugnac*. E a rigorosíssima lei de Carlos V e dos ingleses seria inteiramente abolida, para dar lugar a uma lei menos dura e mais apropriada.

O plagiato, ou seja, a venda de crianças roubadas[24], ensejaria poucos processos por ser raro na Europa cristã. Quanto ao plágio de autores, trata-se de algo tão comum que não é possível processá-lo.

Vejamos os delitos que, tendo sido mais comuns, foram submetidos aos mais horrendos suplícios.

Artigo VIII

Da heresia

Pode-se definir a heresia como "opinião diferente do dogma aceito em dado local". Quando foi que doutores, sacerdotes e seculares começa-

mesmo lugar. Nas grandes cidades, poderiam ser encarregados dos trabalhos desagradáveis e perigosos, que não exigissem habilidade nem boa vontade. Nas prisões onde estivessem, também poderiam ser empregados em obras penosas e insalubres. Privações para a preguiça, castigos para a insubordinação e a recusa de trabalhar, abrandamento para quem se comportasse bem, estas seriam medidas suficientes para manter a ordem; e todos os que fossem válidos ganhariam mais do que poderiam custar, caso fossem bem dirigidos. (K.)

24. Na Roma antiga, o *plagiarius* era aquele que roubava escravos para vender. Aqui Voltaire usa a palavra com significado semelhante, num paralelo com o sentido moderno de plágio. (N. da T.)

ram a ser condenados juridicamente à pena de estrangulamento, decapitação ou fogueira em praça pública, por opiniões que ninguém entendia? Foi, se não me engano, no tempo de Teodósio[25], que nada sabia do que ocorria em seus Estados, como aconteceu desde então a mais de um monarca.

A Igreja, é bem verdade, sempre fora agitada pela discórdia. Já Roma assistira a um daqueles cismas escandalosos que desde então, sendo tão numerosos, desolaram e ensangüentaram a Europa. Novaciano disputara com Cornélio o episcopado secreto de Roma, no fim do império de Décio. Aquela guerra surda entre homens obscuros, embora ricos, e tratados com desfavor pelo governo, foi assinalada apenas pelas injustiças cometidas. Logo depois, como se sabe, Constantino elevou a religião cristã ao trono e viu-a dilacerar suas próprias entranhas com disputas sobre problemas que o espírito humano não tem possibilidade de resolver. Puniu a Igreja que ele mesmo havia entronizado. Exilou os adeptos de Atanásio e os de Ário. Envenenou a disputa ao mudar mais de uma vez de lado. O sangue cristão foi derramado por muito tempo na Síria, na Trácia, na Ásia Menor, no Egito e na África, vastas regiões nas quais hoje ele é conhecido apenas pela escravidão ou pelo

25. Teodósio I.

comércio. Ninguém teve a idéia, então, de julgar a fé em tribunais, como processo criminal, e de mandar homens para o suplício por causa de um argumento.

O cisma de Donato, nos tempos de Santo Agostinho, foi cruel: os padres das duas facções armaram de maças suas ovelhas africanas, visto que a Igreja abomina o sangue. Todos se massacraram santamente na terra hoje habitada pelos corsários de Tunes e Argel, mas não se massacraram judicialmente. Foram os bispos espanhóis que começaram a matar-se conforme a regra, assim como deram início depois aos assassinatos da Inquisição dentro das formas processuais.

Seria difícil dizer com precisão quais eram as teses teológicas com base nas quais os priscilianos foram processados; as quimeras são esquecidas, mas as atrozes barbáries ficam gravadas na memória dos homens por toda a posteridade.

Dois bispos espanhóis, um chamado Itacio e o outro Idacio, mais alguns bispos gascões, depois de muito chicanarem contra os bispos priscilianos Instancio e Salviano, estando portanto possuídos pelo demônio do ódio, perseguiram seus antagonistas desde os Pireneus até Trier. Havia então em Trier um tirano das Gálias chamado Máximo, que metera na cabeça a idéia de destronar o imperador Teodósio, mas não conseguia. Esse

Máximo era um bárbaro, devasso, bêbado, avaro e dissipador; um verdadeiro soldado, que não sabia do que se estava falando e muito menos estava preocupado com isso; era aliás devoto, feito para ser governado pelos padres, contanto que ganhasse algo em troca da proteção que lhes dava.

Os bispos espanhóis e gascões se cotizaram para dar-lhe dinheiro, tão obstinados estavam na luta pela boa causa. Máximo não falhou, e mandou o seu tribunal enforcar os três hereges. São Martinho, que ali se encontrava por acaso, ao interceder em favor dos condenados foi também ameaçado de enforcamento e fugiu assim que pôde.

Recompensados que foram tão fielmente com sua parte na carniça, os chicaneiros não pararam mais de fazer caça aos hereges e ímpios. Seu halali foi ouvido de uma ponta à outra da Europa. Transformaram alguns príncipes em cães de caça, e estes mergulharam as mandíbulas no sangue das presas contra as quais haviam sido açulados. E os príncipes que resistissem eram também imolados, desde Henrique IV, o imperador, até o outro Henrique IV, de França, o melhor dos reis e dos homens.

E durante esses séculos de ignorância, superstição, fraude e barbárie, a Igreja, que sabia ler e escrever, ditou leis a toda a Europa, que só sabia beber, brigar e confessar-se aos monges. Aos príncipes que ungia, a Igreja impunha o juramento de extermínio de todos os hereges; ou seja, os soberanos deviam jurar, em sua sagração, que matariam quase todos os habitantes do universo[26], pois quase todos tinham uma religião diferente da sua.

A heresia foi o maior dos crimes; e ainda hoje, numa adorável nação vizinha da nossa, o código penal de todos os tribunais começa pela heresia: é chamada de crime de lesa-majestade divina com máxima gravidade. Antes os inimigos de Deus eram irremissivelmente condenados a ser queimados vivos, porque ninguém duvidava de que Deus mesmo os queimaria depois de mortos, seja levando para o inferno os seus corpos, que haviam ficado na terra, seja levando as almas, que ninguém via. Todos os juízes estavam convictos de que queimar aqueles ímpios era agir de acordo com Deus; de que o inferno deles só estava sendo antecipado em alguns minutos; de que não havia música celeste mais agradável a Deus, autor de nossa vida, do que os gritos de uma família inteira de hereges em meio às chamas.

Foram criadas leis terríveis contra os hereges na França. Em 1699 promulgou-se um edito segundo o qual todo herege recém-convertido seria condenado às galés em regime perpétuo caso fos-

26. Luís XIII e Luís XIV fizeram esse juramento em sua sagração, mas publicaram declarações segundo as quais os seus súditos de religião protestante não estavam incluídos no juramento de extermínio dos hereges. (K.)

se surpreendido a sair do reino, e quem favorecesse a sua saída seria condenado à morte. Assim, o suposto autor do crime era bem menos punido que o cúmplice. Essa lei bárbara e absurda não está abolida, mas cabe confessar que foi bem mitigada pelos costumes, e tornou-se bem relaxada desde que, em 1767, a imperatriz de todas as Rússias, soberana de mil e duzentos milhares de léguas quadradas, escreveu de próprio punho, encabeçando suas leis, em presença dos representantes de trinta nações e de trinta religiões: "A falta mais nefasta será a intolerância."

A razão fez no mínimo os mesmos progressos em Versalhes desde que Jesus deixou de permitir que os jesuístas ou jesuítas governem aquele agradável reino.

Portanto, podereis entender, senhores, por que um picardo[27], fugitivo de Noyon, refugiado numa pequena cidade ao pé dos Alpes, e com grande crédito em tal asilo, cometeu ação nada caridosa quando arrastou para uma fogueira feita com lenha verde (para prolongar a cerimônia) um pobre espanhol[28] que se obstinava numa opinião diferente do

27. Calvino; ver capítulo CXXXIII, "De Genève et de Calvin", *Essai sur les moeurs*, II, *in* Voltaire, *Oeuvres complètes*, Garnier, Paris, 1878, tomo XII, p. 303.

28. Servet; ver capítulo CXXXIV, "De Calvin et de Servet", *Essai sur les moeurs*, II, *in* Voltaire, *Oeuvres complètes*, *op. cit.*

tal picardo. Ele fez realmente *arder* o corpo e o sangue do espanhol, e não em figura, ao passo que em mais de uma cidade da França o fugitivo de Noyon estava sendo assado em retrato, enquanto era aguardado em pessoa.

Os guises foram mais injustos e não menos cruéis quando fizeram seus comissários condenar à morte o virtuoso Anne Dubourg[29], conselheiro do Parlamento de Paris. Ele foi enforcado e queimado no reinado de Francisco II. Teria sido chanceler de França no de Henrique IV.

O mundo começa a civilizar-se um pouco; mas que ferrugem espessa, que noite grosseira, que barbárie dominam ainda certas províncias, sobretudo entre os probos agricultores tão louvados em elegias e églogas, entre lavradores inocentes e vigários de aldeia, que por um escudo arrastariam os irmãos para a prisão e vos apedrejariam se duas velhas, vos vendo passar, exclamassem: *herege!* O mundo está melhorando um pouco; sim, o mundo pensante, mas o mundo bruto será ainda por muito tempo um composto de ursos e macacos, e a canalha será sempre de cem para um. É para ela que tantos homens, mesmo com desdém, mostram compostura e dissimulam; é a ela que todos que-

29. Ver *Discours du conseiller Anne Dubourg a ses juges*, Mélanges, VII, *in* Voltaire, *Oeuvres complètes*, Garnier, Paris, 1879, tomo XXVIII, p. 469.

rem agradar; é dela que todos querem arrancar *vivas*; é para ela que se realizam cerimônias pomposas; é só para ela, enfim, que se faz do suplício de um infeliz um grande e soberbo espetáculo.

Artigo IX

Dos feiticeiros

Será mesmo verdade que Locke escreveu, que deu leis humanas a um país selvagem, e que Penn policiou ainda melhor a Pensilvânia? Será mesmo que Blackstone nos deu a conhecer o que o código penal inglês tem de excelente e de imperfeito? Finalmente, estaremos de fato no século de Montesquieu e Beccaria, neste século que o autor virtuoso de *Felicidade pública*[30] demonstra estar marchando a passos largos para a sabedoria e a felicidade em mais de um aspecto? Apesar disso, fala-se ainda em feitiçaria.

Os jornais nos informam que, no fim do ano de 1750, foi queimada em Würzburg uma moça de alta condição, religiosa e feiticeira[31].

30. Du Chastellux; ver capítulo III, "De la félicité publique", artigos extraídos do *Journal de politique et de litérature*, Mélanges, IX, *in* Voltaire, *Oeuvres complètes*, Garnier, Paris, 1880.

31. Esse fato é verdadeiro. Essa infeliz afirmou teimosamente que era feiticeira e que com seus sortilégios havia matado pessoas que não estavam

Não tenho nenhuma relação com Würzburg. Respeito demais o bispo que dirige aquela diocese para acreditar que ele tenha tolerado uma barbárie tão idiota. Mas em 1730 a metade do Parlamento de Provença condenou à fogueira, como feiticeiro, o imbecil e indiscreto jesuíta Girard, enquanto a outra metade lhe dava ganho de causa com custas[32]. A mesma estultícia que fez aquele coitado passar por grande pregador atribuiu-lhe a reputação de grande mago. Afirmou-se no santuário das leis que, soprando na boca da moça chamada Cadière, ele lhe pusera um demônio de impureza no corpo, e que essa moça, possuída pelo diabo e pelo irmão Girard, se apaixonara por ambos.

Os advogados que atuaram contra o jesuíta não deixaram de citar o exemplo do vigário Gaufridi, que não só foi acusado diante do mesmo parlamento de ter insuflado o diabo na boca de Magdeleine La Palud, em Marselha, como também confessou ter feito tal coisa em meio aos horrores da tortura (maneira segura de descobrir a verdade). Foi citado o famoso caso das ursulinas de Loudun, todas enfeitiçadas pelo cura Grandier. Este cura

mortas. Estava louca, e seus juízes foram imbecis e bárbaros. (K.) – Ver capítulo IX, "Des sorciers", *Commentaire sur le livre Des délits et des peines*, Mélanges, IV, *in* Voltaire, *Oeuvres complètes*, Garnier, Paris, 1879, tomo XXV, p. 553.

32. De vinte e cinco juízes, doze foram favoráveis à condenação à fogueira; treze, à absolvição.

Grandier e aquele cura Gaufridi foram queimados vivos, para maior glória de Deus[33].

Chega-se a dizer, no relatório mais autêntico desse processo e da morte pavorosa do cura Grandier, que o carrasco encarregado de interrogá-lo, não conseguindo fazê-lo sofrer o bastante para obrigá-lo a confessar-se feiticeiro, foi substituído por um reverendo padre recoleto que, sendo tão robusto quanto zeloso, enfiou os instrumentos da verdade tão profundamente nas pernas do paciente que lhes arrancou o tutano. De tudo isso, concluiu-se que era preciso torturar e queimar o cura Girard. Este teria sofrido esses dois suplícios se contra ele se tivessem manifestado dois votos no parlamento: pois fora caritativamente estatuído, havia muito, que a maioria de dois votos bastaria para entregar lealmente um cidadão ou um monge ao mais horrível dos suplícios. Logo vos mostrarei, senhores, que três pretensos diplomados ou práticos de província bastaram para condenar jovens a expirar nas chamas, com penas acessórias de uma atrocidade selvagem cem vezes mais agravantes. Mas continuemos este artigo sobre o sortilégio.

33. Ver capítulo II, *Siècle de Louis XIV*, I, *in* Voltaire, *Oeuvres complètes*, Garnier, Paris, 1878, tomo XIV, p. 174; artigo SUPERSTITION, *Dictionnaire philosophique*, IV, *in* Voltaire, *Oeuvres complètes*, Garnier, Paris, 1879, tomo XX, p. 455.

Sabemos bem que o processo dos diabos de Loudun e do cura Grandier expõe à execração eterna a memória dos insensatos celerados que o acusaram em juízo de ter enfeitiçado as ursulinas, bem como aquelas miserandas jovens que se disseram possuídas pelo diabo, aquele infame juiz-comissário Laubardemont[34], que condenou o suposto feiticeiro a ser queimado vivo, e o cardeal Richelieu que, depois de cometer tantos livros de teologia, tantos versos ruins e tantas ações cruéis, delegou a seu Laubardemont a incumbência de exorcizar religiosas, expulsar diabos e queimar um padre.

O que pode ser ainda mais estranho é o fato de, em nosso século, quando a razão parece ter feito alguns progressos, ter sido impresso, em 1749, um *Exame dos diabos de Loudun*, pelo sr. De Ménardaie[35], padre. E nesse exame prova-se, por meio de várias passagens dos *Casos* de Pontas[36], que Grandier tinha de fato posto catorze diabos nos corpos daquelas catorze freiras, e que ele morreu possuído

34. Laubardemont, parente da superiora do convento das ursulinas, foi juiz-comissário-instrutor. A condenação de Grandier foi pronunciada em 18 de agosto de 1634, por uma comissão de catorze magistrados.

35. M. Ménardaie, autor de *L'examen et discussion de L'histoire des diables de Loudun* (1749), tomo XXIV, p. 475.

36. Jean Pontas, nascido na diocese de Avranches em 1638 e morto em 1718, é autor de um *Dicionário dos casos de consciência*, cuja primeira edição é de 1715, em dois volumes in-fólio, e a última é de 1741, em três volumes in-fólio.

pelo décimo quinto. O sr. De Ménardaie, padre, não era feiticeiro.

Quanto ao processo do cura Gaufridi ou Gaufredi, em Marselha, e seu pavoroso suplício em 1611, foi ainda mais absurdo e desumano: pois o parlamento o condenou a ser atenazado em todas as partes do corpo com tenazes ardentes, antes de ser jogado vivo na fogueira "como reparação por ter feito pacto e convenção com o espírito maligno a fim de desfrutar Magdeleine La Palud, religiosa ursulina, e de atrair para seu amor todas as outras mulheres ou donzelas que desejava". Aí está o que são as ursulinas enfeitiçadas.

Horrores semelhantes espalhavam-se então pela face de todas as terras pertencentes à comunhão romana. Não é de espantar, pois, que em terras vizinhas às nossas, de irmãos nossos, em Genebra mesmo, no ano de 1652, uma pobre mulher, chamada Michelle Chaudron, tenha sido persuadida de que era feiticeira, de que tinha um pacto com o diabo e marcas satânicas pelo corpo. Como conseqüência, tiveram a idéia feroz e imbecil de queimá-la, mas nesse caso, pelo menos, depois de estrangulada.

Cabe trazer à memória, neste nosso continente, o estranho furor ostentado há um século pela demência da superstição nas mesmas regiões setentrionais da América que hoje são ensangüentadas por uma guerra civil. O teatro infernal foi iniciado na pequena cidade de Salem, como na capital da França, por um sacerdote chamado Pâris e por algumas convulsões. Tal energúmeno imaginou que todos os habitantes estavam possuídos pelo diabo, e disso convenceu todos. Metade do povoado acorrentou, exorcizou a outra, aplicando-lhe a questão[37] de um modo que não é conhecido na Inglaterra; matou em meio a suplícios velhos, mulheres e crianças, para depois ser acorrentada, exorcizada, torturada e morta por sua vez: a província ficou deserta; foi preciso enviar-lhe nova população. Nada de mais incrível, nada de mais verdadeiro. Quando pensamos em todos os males que foram produzidos pelo fanatismo, sentimos vergonha de sermos humanos.

Ninguém ignora a multidão de feiticeiros que foi queimada por toda a Europa durante cerca de mil anos. O papa Gregório, honrado com os nomes de Santo e Grande, depois de queimar todos os livros antigos que conseguiu encontrar, foi quem primeiro levou os feiticeiros às chamas por vias judiciais. No entanto, teria sido sensato examinar em primeiro lugar a possibilidade de existência desse crime, antes de queimar os acusados. Dois senadores de Roma

37. Lembramos que em português a palavra "questão" tem uma acepção antiga idêntica à aqui empregada por Voltaire, qual seja, a de interrogatório acompanhado de tortura, feito a um réu para lhe extorquir uma confissão, usando-se a expressão "aplicar a questão de tormento". (N. da T.)

foram executados, e desde então a cada século armavam-se mais fogueiras para punir a magia, pois esta foi encarada como heresia.

Calcula-se que, desde tal Gregório, o Grande, foram queimados na Europa mais de cem mil feiticeiros[38] ou possuídos, com ou sem exorcismo. Quanto mais os tribunais os condenavam, mais eles se multiplicavam. Essa propagação é natural: os infelizes que haviam ouvido falar a vida toda do poder imenso de Satanás, de seus devotos e devotas viajando pelos ares e exercendo domínio sobre a natureza inteira, deviam pensar que nada podia haver de mais verdadeiro, porquanto certos juízes, tidos como espíritos sensatíssimos e esclarecidos, não duvidavam do poder desse Satã nem das graças que ele prodigalizava aos seus favoritos. Portanto, era ver quem conseguia mais favores do diabo. Ir a um sabá não custava mais que um pote de banha e um cabo de vassoura. Havia quem se deixasse embalar por essas ditosas idéias, acreditando atravessar os ares durante a noite, montado num pedaço de pau, na garupa de uma feiticeira; chegava-se num piscar de olhos à assembléia dos fiéis; o recém-vindo era acolhido com pompa, o bode lhe

38. Ver *Avis au public sur les parrecides imputés aux Calas et aux Sirven* (Exemples du fanatisme en général), Mélanges, IV, *in* Voltaire, *Oeuvres complètes, op. cit.*; *Commentaire sur le livre Des délits et des peines*, VII, Mélanges, IV, *in* Voltaire, *Oeuvres complètes, op. cit.*, tomo XXV, pp. 520, 551.

dava o traseiro para beijar, e ele tinha direito a todos os tesouros e a todas as beldades da terra. Não havia indigente que resistisse a seduções tão lisonjeiras. O que aqueles miseráveis imaginavam também era imaginado pelos juízes. E o caso, em vez de ser discutido em manicômios ou no hospital de Bedlam, era examinado nas masmorras ou na sala de torturas, tendo desfecho no meio das chamas.

Houve jurisconsultos demoníacos, e em grande número, que nos presentearam o código do diabo desde que a imprensa foi inventada. A partir daí, gente como Bodin, Delrio e Boguet[39], procuradores gerais de Belzebu, especificaram todos os casos em que o diabo se dignava agir por si mesmo e aqueles em que empregava seus ministros. Ficamos sabendo como os diabos masculinos se deitavam com nossas jovens em íncubos, e como os diabos femininos se deitavam em súcubos com os jovens[40]. Todos os mistérios obscenos daqueles processos criminais infernais foram revelados. O rei da Inglaterra, Jaime I, famoso teó-

39. Ver *Avis au public sur les parricides imputés aux Calas et aux Sirven* (Une mauvaise jurisprudence multiplie les crimes), Mélanges, IV, *in* Voltaire, *Oeuvres complètes, op. cit.*, tomo XXV, pp. 522, 559 e *Commentaire sur le livre Des délits et des peines*, XIII, Mélanges, IV, *in* Voltaire, *Oeuvres complètes, op. cit.*; *Requête a tous les magistrats du royaume*, primeira parte, nota 1, N. B.2, Mélanges, VII, *in* Voltaire, *Oeuvres complètes, op. cit.*, tomo XXVIII, p. 343.

40. Encontram-se num livro de Pierre de Lancre, dedicado a Sillery, chanceler de Henrique IV, detalhes curiosíssimos sobre os feiticeiros.

logo, escreveu sua *Demonologia*. O mundo, portanto, esteve cheio de feiticeiros e enfeitiçados, de possessores e possuídos.

Os bárbaros doutos, que ganhavam dinheiro e honrarias a instruir os processos dos bárbaros imbecis, justificavam tal ofício e conduta dizendo: "O sortilégio é um artigo de fé. José, o patriarca, tinha uma taça com a qual fazia suas conjurações. Os profetas do faraó realizaram os mesmos milagres que Moisés. Balaão predisse o futuro depois de conversar com sua asna. Saul foi possuído, e

....

Esse Pierre de Lancre fora bastante imbecil e bárbaro para queimar grande número deles. A maioria confessava já nos primeiros interrogatórios. Embora interrogados separadamente, todos estavam de acordo quanto às circunstâncias das ceias de que haviam participado com o diabo. As iguarias eram negras. As mulheres que haviam recebido seus favores diziam todas *quod diaboli membrum esset nigrum, rigidum, quasi ferreum, squammis duris involutum; quod diaboli sperma esset frigidum, glaciale* [que o membro do diabo é negro, rígido, como se fosse de ferro, e envolto por escamas duras; que o esperma do diabo é frio e glacial. (N. da T.)] Singulares propriedades as do diabo... e tristes gozos. Aquela gente, à força de conversar sobre o assunto, teria chegado a ponto de sonhar com as mesmas extravagâncias? Teria freqüentado de fato alguma reunião em que alguns espertalhões tivessem montado um aparato mágico, fazendo as vezes de diabos? É o que Pierre de Lancre poderia ter descoberto se fosse menos imbecil. Se pensarmos que, no tempo de Henrique IV, a vida, a honra e os bens dos cidadãos dependiam de magistrados que acreditavam que o diabo tem esperma e que esse esperma é frio, só poderemos nos sentir felizes por vivermos em outro século. (K.)

– A obra de P. de Lancre é intitulada *Tableau de l'inconstance des mauvais anges et démons*, 1613, in-4º, com a figura do sabá. Do mesmo autor, existe *L'incrédulité et mescréance du sortilège pleinement convaincue, où il est traité de la fascination, de l'attouchement* etc., 1622, in-4º.

Davi expulsou seu diabo tocando harpa. A pitonisa de Endor evocou dos infernos a sombra de Samuel. O demônio Asmodeu, apaixonado por Sara, filha de Ragüel, estrangulou os sete maridos dela, um após outro, e o anjo Rafael não só o expulsou assando um fígado de peixe, como também o acorrentou perto do grande Cairo, onde ainda está. Afinal, para que tantos exemplos? O próprio Jesus Cristo não foi levado pelo diabo a um deserto, a uma montanha e ao pináculo de um templo?" (DELRIO, cap. XXX, *Disquisitions magiques.*)

Os avisados respondiam em vão que os tempos tinham mudado; que o que era bom outrora não era bom agora. O mundo continuava dividido entre quem acreditava na magia e quem mandava queimar quem acreditava.

Até que pararam de queimar os feiticeiros, e eles desapareceram da face da terra[41].

41. Já foi dito, impresso e repetido que, na França, Luís XIV proibiu que o Parlamento de Paris acolhesse as acusações de magia e feitiçaria: isso não é verdade. Seu edito de 1682 renovou as antigas leis contra "os adivinhos e adivinhas [...] culpados de impiedade, sortilégios, a pretexto de magia, que devem ser punidos com a morte".

Parece que o redator da lei se explicou mal. Não se entende o que é um *sortilégio a pretexto de magia*: é como se houvesse *sortilégio a pretexto de sortilégio*. O fato é que o Parlamento de Paris, composto por homens instruídos e judiciosos, não tem a antiga estultícia de acreditar nos feiticeiros e magos; mas puniu e punirá sempre os celerados imbecis que a envenenamentos somam operações qualificadas de mágicas. Foi assim que, em 1688, foram condenados os famosos pastores de Brie, que com

Artigo X

Do sacrilégio

Em todo lugar, destruir ou insultar as coisas que são sagradas ao seu povo está claro que é um sacrilégio. O romano que, matando um gato consagrado no Egito, foi massacrado pelo povo devoto enfurecido, cometera um sacrilégio para com os egípcios porque, estando só contra uma nação inteira, ofendera sua religião dominante. Mas quando o rei da Pérsia, Cambises, vencendo aqueles egípcios supersticiosos e covardes, matou-lhes o deus Ápis, provavelmente imolado a seu próprio deus, Mitra, pode-se dizer que ele cometeu um sacrilégio? Não, por certo; ele estava punindo, como senhor, um povo desprezível que fazia de um estábulo um santuário, e que reverenciava esterco de boi.

Suponho que de fato o grande lama apresentasse o resíduo de sua latrina, incrustado numa folha de ouro, para que este fosse beijado e, se qui-

suas drogas haviam matado vários animais de seus vizinhos. Misturaram arsênico a água benta e a conjurações. Haviam proferido umas palavras, mas as palavras e a água benta não mataram ninguém. Uns foram enforcados, outros mandados para as galés, não como magos que matavam com sua ciência secreta, mas como envenenadores.

A palavra magia significava sabedoria, em sua origem. Que sabedoria a de hoje! (Nota de Voltaire) serem, chupado; que essa relíquia fosse apresentada ao imperador da China, e que o imperador, indignado com razão, a mandasse jogar nos reservatórios que eram dedicados pelos antigos romanos à deusa Cloacina, único lugar digno de tal jóia: certamente ninguém ousará dizer, mesmo entre os lamas, que o imperador chinês é sacrílego. Mas que um cidadão do reino de Butan, súdito do grande lama, faça o mesmo uso daquilo que provém das entranhas de seu senhor: será culpado de lesa-majesdade divina e humana sem dificuldade. E que não se acredite encontrar-se essa enorme diferença apenas em casos semelhantes; ela está em todas as leis feitas pelos homens. "Verdade e justiça do lado de cá deste regato; erro e injustiça do lado de lá", como disse Pascal depois de tantos outros[42].

Já ouvistes por certo falar da catástrofe ocorrida em 1766 a alguns jovens de uma pequena cidade de um reino vizinho[43]. Esse reino possui uma espécie de gente desconhecida entre nós. Essas pessoas vestem-se de maneira diferente dos outros homens. Andam com as coxas, as pernas e os

42. Ver *Pensées*, edição de Desprez, p. 157. (Nota de Voltaire)

43. Trata-se do caso do cavaleiro De la Barre (1747-66), nobre francês que foi acusado de mutilar um crucifixo, pelo que foi torturado, decapitado e queimado. [N. da T.] Ver *Relation de la mort du Chevalier de la Barre*, Mélanges, IV, *in* Voltaire, *Oeuvres complètes*, *op. cit.*, tomo XXV, p. 501.

pés nus; desce-lhes a barba até a cintura, que eles cingem com uma corda; põem nas mangas o que nós pomos nos bolsos; nós falamos pela boca, e eles falam pelo nariz. Os antigos bretões, que ficam a oeste do mar da Alemanha, não acreditam que esses animais sejam homens. Existe mesmo uma lei que manda atacá-los caso aportem na ilha. Mas nas pequenas cidades do continente de que vos falo são tão reverenciados em certos dias do ano, quando realizam certas funções proibidas em nossa terra, que é preciso cair de joelhos quando eles passam aos pares pela rua.

Ora, um dia, enquanto passavam, alguns jovens que talvez soubessem demais para a idade que tinham não se sentiram obrigados a ajoelhar-se. Dizem até que demonstraram pouco respeito por uma figura de madeira que não suportamos em nossa república, e que de fato em si mesma (se distinguida do objeto adorável que mal representa) não merece muita consideração. A irreverência daquelas crianças para com aquele pedaço de pau nem mesmo foi confirmada; os delatores só insistiram numa velha canção chula, que costuma ser cantada à mesa; e essa canção, que ninguém conhece, foi qualificada de crime de lesa-majestade divina com máxima gravidade.

Esse crime foi julgado por três magistrados, sendo um deles inimigo declarado das famílias dos jovens, e outro um jurista prático, mercador de porcos. Não conheço o terceiro.

É difícil conceber como esse processo de sacrilégio foi entregue apenas a esses três pretensos magistrados. Era só no inferno dos gregos, copiado do inferno egípcio, que antigamente, segundo a fábula, três pessoas constituíam um tribunal bastante completo para julgar o universo.

Seja como for, os três Radamantos de aldeia condenaram as pobres crianças à questão ordinária e extraordinária, à amputação do punho, à amputação da língua, arrancada com tenazes, e, por fim, a serem queimadas vivas.

É uso em tal reino que as sentenças criminais proferidas numa aldeia sejam revistas por uma grande cidade. O tribunal da grande cidade reviu, pois, o processo e confirmou o julgamento por maioria de quinze votos contra dez. A sentença foi executada, na medida do possível, por cinco carrascos que o grande tribunal delegou expressamente para aquele local. A Europa inteira estremeceu de horror[44].

Com base nisso, senhores, eu poderia fazer-vos duas perguntas. A primeira é: como homens que

44. O cavaleiro De la Barre foi decapitado. Como é justo que a pena seja proporcional ao delito, perguntamos se o crime desses juízes foi suficientemente punido pelo horror e pelo desprezo da Europa. (K.)

não são feras carniceiras puderam jamais imaginar que bastariam alguns votos a mais para terem o direito de dilacerar criaturas humanas em meio a tormentos medonhos? Não seria preciso pelo menos a preponderância de três quartos dos votos? Na Inglaterra todos os jurados devem estar de acordo, o que é bem justo. Que horror absurdo jogar a vida e a morte de um cidadão numa partida de seis contra quatro, ou de cinco contra três, ou de quatro contra dois, de três contra um! Conta-se que os atenienses, aos quais propunham espetáculos sangüinários demais, responderam: "Seja então derrubado o nosso altar da Misericórdia." Aqueles que votaram à morte essas pobres crianças não tinham, portanto, semelhantes altares!

A segunda pergunta é sobre o próprio objeto da sentença. Será que alguém sabe ao certo o que é um crime de lesa-majestade divina? Será ele o desejo de assassinar Deus, assim como Licáon se propôs assassinar Júpiter, que fora cear com ele? Será o desejo de lhe mover guerra, como outrora os Titãs e depois os gigantes lhe moveram, guerra como aquela outra, funesta, que, antes ainda, lhe fora movida pelos anjos, segundo o que foi escrito pelos primeiros brâmanes, pais das antigas lendas e das antigas ciências? Será enfim negar a existência de Deus, como fizeram os filósofos ímpios da Antiguidade? É claro que algumas infelizes crianças, entregues a cinco carrascos por três ignorantes, nada disso haviam feito.

Uma delas, que escapou aos cinco carrascos, é um oficial de ótimo comportamento, homem virtuoso[45]. Serve a um grande rei, que, favorecendo-o, ensina às nações não cometer contra Deus a ofensa de pretender vingá-lo por meio de assassinatos horríveis, e que é preciso abster-se de queimar jovens inconseqüentes que podem tornar-se homens úteis e respeitáveis.

Se imaginarmos que certos cidadãos, judiciosos aliás, pela manhã assinam uma carnificina abominável e à noite vão passar o tempo em casa de damas, onde ouvem e dizem gracejos, embaralhando cartas com suas mãos ensangüentadas, poderemos conceber tais contrastes; e não nos sentiremos fortemente tentados a renunciar à sociedade dos homens?

Artigo XI

Processos penais para disputas da escola

A Antiguidade jamais imaginou encarar uma disputa entre Zenão e Diógenes como objeto de

45. D'Étallonde de Morival, que prestou serviços a Frederico II.

um processo penal. O de Sócrates foi afinal a mais doce das barbáries. Não houve questão ordinária nem extraordinária; não houve roda sobre a qual fossem vergados os membros de um cidadão, quebrados metodicamente a golpes de barra de ferro; não houve fogueira em labaredas na qual se jogasse um corpo desconjuntado e ainda vivo; nada que se parecesse às invenções dos canibais letrados do século XII. Foi um velho de setenta anos que, oprimido pelo conluio de dois hipócritas, morreu suavemente nos braços dos amigos, bendizendo Deus e provando a imortalidade da alma. E, mal havia aquela bela alma voado para o Deus que a criara, os atenienses, envergonhados do crime juridicamente cometido, condenaram mais juridicamente ainda os acusadores de Sócrates e ergueram-lhe um templo. Assim, a morte daquele mártir foi na verdade a apoteose da filosofia.

Mas como foi que, da escória de nossas escolas e da escória do próprio clero, surgiram querelas que não eram dignas nem do teatro de Arlequim mas que solicitaram a pena de morte em tantos tribunais da Europa?

Mal apareceram no mundo, os frades menores, chamados capuchos, deram origem a um cisma que girou em torno da forma do capuz que usavam e de outros objetos assim tão importantes. Queria-se saber se, estando no refeitório, a sopa lhes pertencia como propriedade particular, ou se eles só tinham o seu usufruto. Isso custou algum sangue. O geral deles, Miguel de Cesena, foi condenado à prisão perpétua; e quando o imperador Luís da Baviera depôs o papa João XXII em Roma e o condenou a ser queimado vivo, e quando João depôs o imperador em Avignon, essa disputa dos capuchos foi alegada por ambas as partes como um dos grandes motivos da guerra. A partir de então, as disputas escolásticas ocuparam com freqüência a magistratura de mais de um país.

Sabe-se que o Príncipe Negro, ainda maior que seu pai Eduardo III, ao morrer deixou a coroa da Inglaterra, que jamais usufruíra, ao filho Ricardo II. Esse menino, na minoridade, foi tão obcecado por seu confessor e por padres, tão importunado por todas as suas disputas, que o conselho privado do rei foi obrigado a proibir todos eles, principalmente o confessor, de aparecer na corte mais de quatro vezes por ano[46].

Na França, muitas vezes foi preciso que o parlamento contivesse a Sorbonne por meio de decisões judiciais. O douto Ramus, que era bom geômetra para o seu tempo e já tinha reputação na

46. Ver *História da casa dos Plantagenetas*, de Hume, reinado de Ricardo II. (Nota de Voltaire)

época de Francisco I, nem desconfiava então que estava preparando morte pavorosa para si ao defender uma tese contra a lógica de Aristóteles. Foi perseguido por muito tempo, citado até diante dos tribunais seculares por certo Gallandius Torticolis; foi ameaçado de condenação às galés. E o que se discutia? O principal objeto da disputa era a maneira como se devia pronunciar *quisquis* e *quamquam*.

Finalmente, Ramus viveu o suficiente para ser uma das vítimas da Noite de São Bartolomeu. Seus inimigos esperaram aquele grande dia para se vingar de sua reputação e do bem que ele fizera à cidade de Paris ao fundar uma cátedra de geometria. Arrastaram seu corpo ensangüentado pelas portas de todos os colégios, para que ele pedisse solenemente perdão à filosofia de Aristóteles.

Os zelosos discípulos do Estagirita grego sentiram-se tão encorajados entre os descendentes dos gauleses que, muito tempo depois de passadas a embriaguez e a fúria da Noite de São Bartolomeu, obtiveram, em 1624, uma sentença que proibia, sob pena de morte, ter opinião contrária à de Aristóteles.

Não foram poucas as vezes que as inimizades pessoais recorreram ao braço da justiça, tentando espessar sua venda. Sabe-se que os jesuítas Coton e Garasse quiseram atacar no conselho do rei o sábio e sapiente Pasquier, que os acusara diante do parlamento; mas finalmente, não encontrando meios de intentar empresa tão ousada, Garasse limitou-se a fazer sua prédica em público, e abaixo está o trecho mais eloqüente de seu libelo:

"Pasquier é um leva-e-traz, enxurro de Paris, almofadinha fanfarrão, farsola, gentinha, vendedor de patacoadas, simples empregadinho, que não merece ser o escudeirete dos lacaios; mendigo, bandido, que arrota, peida e desengole; forte suspeito de heresia, ou mesmo herege, ou até pior; sátiro imundo e nojento, um senhor arquibesta por natureza, por bequadro, por bemol, besta na mais alta escala, besta com três tacões, besta com duas tintas, e tinta carmesim, besta de todos os tipos de bestice."[47]

Embora não tenha conseguido prevalecer contra um homem tão respeitável quanto Pasquier, conseguiu a perdição do infeliz Teophile, que, não sei em que poesia, enfiara estes três versos um tanto mordazes sobre os jesuítas:

47. Ver artigo JÉSUITES ou ORGUEIL, *Dictionnaire philosophique*, III, *in* Voltaire, *Oeuvres complètes*, *op. cit.*, tomo XIX, p. 501.

Cette énorme et noire machine,
Dont le souple et le vaste corps
Étend ses bras jusqu'à la Chine[48] *etc.*

Uma injúria tão leve, se é que assim se pode chamar, não merece a acusação de ateísmo intentada por Garasse. Esse jesuíta e um de seus confrades, chamado Voisin, aproveitando-se das credenciais da companhia, foram ao mesmo tempo acusadores e beleguins, mandando encerrar Teophile na masmorra de Ravaillac. Pediram veementemente o seu suplício durante um ano inteiro; mas as credenciais da casa de Montmorency, que o protegia, sobrepujaram as de Garasse.

Se na França tivesse sido aprovada a sábia lei que determina estar o acusador sujeito à mesma pena do acusado, submetendo-se à mesma prisão, Garasse e seu confrade teriam sido mais comedidos.

Outros jesuítas não tiveram o mesmo atrevimento com o célebre Fontenelle, que com as graças de seu espírito e de seu estilo ornamentara a erudição profunda, mas talvez um tanto rebarbati-

....

48. Essa enorme e negra máquina/ cujo corpo flexível e negro/ estende os braços até a China. [N. da T.]. Ver Cartas a S.A. Mgr. Le Prince De XXXX, sobre Rabelais etc., Carta VII, *De Théophile*, Mélanges, V, *in* Voltaire, *Oeuvres complètes*, *op. cit.*, tomo XXVI, p. 496.

va, de Van Dale, em sua *Histoire des oracles.* Não era possível levar diante de um tribunal um livro tão bom, escrito com tanta sabedoria. Contentaram-se em solicitar contra o autor uma *lettre de cachet*[49] que não obtiveram; e com esse comportamento provaram como é odioso combater a razão com a autoridade.

Não vos parece, senhores, que, em se tratando de livros, só se deve recorrer aos tribunais e aos soberanos do Estado quando o Estado estiver sendo comprometido nesses livros? A lei da Inglaterra sobre essa questão não mereceria servir de exemplo a todos os legisladores que queiram propiciar ao homem o gozo dos direitos humanos? Quem quiser falar com todos os seus compatriotas só poderá falar por meio de livros: que os imprima então, mas que responda por sua obra. Se ela for ruim, será desprezada; se for perigosa, terá sua réplica; se for criminosa, o autor será punido; se for boa, será aproveitada, mais cedo ou mais tarde.

Quando foram impressos os *Pensamentos* do duque de La Rochefoucauld, ou melhor, o pensamento que, apresentado através de cem facetas diferentes, prova que o amor-próprio é a grande

49. Ordem régia que determinava a prisão ou o exílio sem julgamento. (N. da T.)

mola propulsora do gênero humano, todos acharam que ele tinha razão. O que de mais forte se disse contra ele foi que o livro era o retrato do pintor; mas ninguém que tivesse sido inimigo seu dos tempos da Fronda teve a desfaçatez de se expor ao ridículo de denunciar seu livro a um tribunal.

Cem anos depois surgiu um homem de costumes e espírito[50] recomendável que expôs o pensamento do duque de La Rochefoucauld num livro sistemático. Desencadeou-se contra esse recém-chegado uma onda de furor; contra ele foi instaurado um processo criminal no Parlamento de Paris: uma grita terrível. Passados dois anos ninguém mais se lembra; prova de que não era preciso molestar aquele tribunal com tal processo inútil.

Um literato eloqüente escreve um romance moral, *Belisário*[51]. Sua moral demonstra que é preciso ver Deus como pai, e não como tirano caprichoso; que devemos odiar o crime e ser indulgentes para com os erros.

50. Helvétius, autor do livro *Do espírito*; ver artigo QUISQUIS (Du) DE RAMUS ou LA RAMÉE, *Dictionnaire philosophique*, IV, *in* Voltaire, *Oeuvres complètes*, *op. cit.*, tomo XXI, p. 321; *Carta sobre um escrito anônimo*, Mélanges, VII, *in* Voltaire, *Oeuvres complètes*, *op. cit.*, tomo XXVIII, p. 491.

51. Romance de Jean-François Marmontel (1723-99) sobre o general bizantino Belisário (500-65). (N. da T.)

Há um capítulo, o XV, que está sendo aplaudido por mais de uma cabeça coroada. Teólogos desconhecidos[52], porém, insurgem-se contra esse capítulo XV; agitam corporações inteiras; indispõem autoridades; cabalam, tentam fazer o mais alto tribunal do reino condenar o livro e o autor. O parlamento, sabiamente, deixa que o público julgue um livro escrito com o objetivo de aperfeiçoar os costumes públicos.

Por certo não era coisa frívola nem vã disputa o livro intitulado *Sistema da natureza*[53]. É uma obra de trevas iluminadas, uma declamação perpétua sobre o mal físico e o mal moral que desde sempre assediam a natureza. Esse livro, muito difundido, tem menos difusão, porém, que o poema de Lucrécio, objeto de inumeráveis edições e traduções em todas as línguas, estando muitos de seus versos em todas as bocas. O mesmo Lucrécio foi impresso para uso do delfim, filho único de Luís XIV, como livro clássico, por iniciativa

52. Riballier e Coger; ver *Les trois empereurs en Sorbonne, Contes en vers*, Satires, Épitres, *in* Voltaire, *Oeuvres complètes*, Garnier, Paris, 1877, tomo X, p. 153; *L'homme aux quarante écus*, XI, *De la vérole*, Romans, *in* Voltaire, *Oeuvres complètes*, Garnier, Paris, 1879, tomo XXI, p. 357; *Carta de Gérofle a Cogé*, Mélanges, V, *in* Voltaire, *Oeuvres complètes*, *op. cit.*, tomo XXVI, p. 449.

53. Do barão d'Holbach; ver o artigo DIEU, DIEUX, seção IV, *Du système de la nature*, *Dictionnaire philosophique*, II, *in* Voltaire, *Oeuvres complètes*, Garnier, Paris, 1878.

do virtuoso duque de Montausier e dos ilustres doutores que, sob sua direção, cuidam da educação desse príncipe. Os editores só tiveram em vista a poesia do autor e a latinidade. Desprezaram demais sua física ignorante e ridícula, seus raciocínios talvez piores ainda, para acreditarem que sua leitura fosse perigosa. Se algum espírito fraco for por ela seduzido, se alguém engolir o seu veneno, o antídoto estará à mão nas demonstrações de Clarke, em Derham, em Nieuwentyt mesmo, em cem autores que opuseram a força irresistível da razão superior à sedução dos versos de Lucrécio, que, afinal, não passam de versos. É assim que se combate. Queime-se com grande pompa um exemplar de Lucrécio e nada será ganho: o carrasco nunca converterá ninguém.

Portanto, era necessário refutar o *Sistema da natureza*, se é que a palavra refutar pode ser aplicada a uma declamação tão vaga e prolixa.

Um jovem[54], educado por muito tempo na sábia congregação do Oratório, resolveu fazer-nos esquecer o *Sistema da natureza* escrevendo a *Filosofia da natureza*. Escreveu não só para provar que há um Deus, mas para fazê-lo ser amado, para sentir-se encorajado a agradecer a esse Deus a vida que ele nos deu e todas as dádivas que a

54. Delisle de Sales, falecido em 22 de setembro de 1816.

acompanham, como para se resignar em meio às inumeráveis desditas que a permeiam. Evidentemente, percebia-se nesse texto uma alma honesta e sensível. E isso teria sido bem mais percebido se o público não estivesse cansado, na época, de tantos livros sobre a natureza: *Exame da natureza*, *História da natureza*, *Quadro da natureza*, *Exposição da natureza*. Todos estavam enjoados daquela natureza que ensejava tantos lugares-comuns[55].

Alguns espíritos menos sensíveis e talvez endurecidos demais pelo longo vezo numa magistratura severa viram na ingenuidade das expressões desse jovem e na simples palavra *natureza* uma filosofia demasiado suave que lhes ofendia a dureza. Acusaram-no de estar lutando contra a causa que desejava defender; abriram contra ele um processo criminal num tribunal subalterno e obtiveram sua condenação ao banimento perpé-

55. Caberia pensar que essa palavra *natureza* é uma expressão vaga que não significa nada. Não existe natureza; tudo é arte, desde a formação e as propriedades do sol até a menor raiz, até o grão de areia; e essa arte é tão grande que cem mil milhões de Arquimedes não poderiam imitá-la. (Nota de Voltaire)

– Ver artigo NATURE (*Dialogue entre le philosophe et la nature*), *Dictionnaire Philosophique*, IV, *in* Voltaire, *Oeuvres complètes*, Garnier, Paris, 1879, tomo XX, p. 115; *Histoire de Jenni*, VIII e IX, Romans, *in* Voltaire, *Oeuvres complètes*, *op. cit.*, tomo XXI, p. 554; *Lettres d'Amabed*, décima quinta carta, Romans, *in* Voltaire, *Oeuvres complètes*, *op. cit.*, p. 471.

tuo. O Parlamento de Paris, mais justo, anulou a sentença.

Ele sentiu que era tão fácil quanto injusto atribuir sentido condenável a discursos inocentes, e lembrou-se das palavras outrora pronunciadas em Paris mesmo pelo imperador Juliano, protetor e vingador das Gálias. Um jurista delator, inflamando-se diante dele numa acusação contra um cidadão que desejava condenar, disse-lhe: "César, uma denegação será suficiente?" O equânime Juliano respondeu: "Uma acusação será suficiente?"

No momento, senhores, em que vos proponho minhas débeis reflexões, leio na *Gazeta da República* do dia 26 de julho que na Espanha vai ser restabelecido o poder de um tribunal que sempre ouviu mais os delatores que os denunciados; tribunal erigido outrora pela superstição e pela injustiça; tribunal que todos os parlamentos de França sempre rejeitaram, que a Alemanha não acata, que é abominado nos grandes Estados da Itália e ainda mais em todo o Norte; é a inquisição, pois que é preciso dizer seu nome. É ela que admite a delação de um filho contra o pai, de um pai contra o filho; é ela que atira os acusados em suas masmorras sem jamais lhes dizer de que são acusados; é ela que condena sem acareação; é ela, por fim, que tantas fogueiras acendeu do estreito de Cádiz às costas da Índia. Transcrevo aqui uma única anedota sobre esse tribunal sobejamente conhecido. Cromwell já havia preparado a frota que tomou a Jamaica ao rei de Espanha, quando o embaixador espanhol lhe perguntou se ele tinha queixas do rei seu senhor, e que reparação desejava. Cromwell respondeu: "Quero que os mares sejam livres, e que a Inquisição seja abolida da face da terra."[56] Só faltava a essa resposta ter sido dada por um homem virtuoso: Cromwell se pareceria com os antigos romanos, que proibiram aos cartagineses a imolação de homens.

Artigo XII

Da bigamia e do adultério

A lei *Carolina*[57] pune esses delitos com a morte. Não estará a pena muito acima da falta?

Começando pela bigamia, aquilo que é autorizado desde todos os tempos na mais antiga e vasta parte do mundo não pode ser, na mais nova e menor, nada além de violação de um uso novo,

56. *Memórias de Ludlow*, tomo II, p. 63, edição de Amsterdam. (Nota de Voltaire)

57. Redigida por Schwarzenberg e proposta à dieta por Carlos V; foi adotada em Regensburg, em 1532, mas sua aplicação nos diferentes Estados germânicos demorou muito. (G. A.)

e não um crime em si mesmo. O mesmo judeu que pode desposar várias mulheres na Pérsia, por disposição legal, e na Turquia, por conivência, será culpado na Itália, na Alemanha, na Espanha e na França, caso se valha desse antigo privilégio. Não seria possível fazer uma distinção entre deveres universais e deveres locais? Respeitar pai e mãe, alimentá-los na indigência, pagar suas dívidas, não ultrajar ninguém, socorrer os sofredores na medida do possível: esses são deveres tanto no Sião quanto em Roma. Casar-se apenas com uma mulher é um dever local[58].

O adultério é um crime para todos os povos da terra; o adultério das mulheres, entenda-se, visto terem sido os homens que fizeram as leis. Enxergaram-se como proprietários de suas esposas; elas são um de seus bens; o adultério as rouba, introduz nas famílias herdeiros estranhos. Acrescente-se a essas razões a crueldade do ciúme, e

58. Em todo lugar onde a poligamia não é permitida, a bigamia é um verdadeiro delito, pois o bígamo comete uma falsificação num ato público. Engana a segunda mulher com quem se casa. É uma ação premeditada; essa ação deve, pois, ser punida; mas o que leva a instituir a pena de morte é a superstição, a idéia de sacrilégio, de profanação de um sacramento, idéia estranha à ordem civil. Essa é mais uma das barbáries que têm origem na teologia. Não faz muito tempo um grave magistrado propôs queimar viva uma hermafrodita que se casara como homem, e que os médicos declararam ser mulher. Dizia ele que ela havia profanado o sacramento do matrimônio. (K.)

não será surpreendente que em tantas nações, mal saídas do estado selvagem, o espírito de propriedade tenha decretado a pena de morte para sedutores e seduzidas. Hoje os costumes mais brandos não punem com o mesmo rigor um crime que todos são tentados a cometer, que todos acobertam quando é cometido, que é tão difícil de provar e do qual ninguém pode queixar-se em justiça sem cobrir-se de ridículo. A sociedade convencionou secretamente não processar delitos dos quais ela se acostumou a rir[59].

Mas quando, para vergonha das famílias, estouram processos desse tipo, quando a justiça separa os dois cônjuges, há outro inconveniente na metade da Europa. Essa metade é governada ainda por aquilo a que se dá o nome de direito canônico. Essa estranha jurisprudência, que durante muito tempo foi a única lei, considera que o

59. O adultério é um crime em moral, mas não pode ser um delito passível de punição por leis: 1º) porque, se for considerada a violação do juramento, a punição da mulher não poderá ser justa, a menos que a lei condene à mesma pena o marido culpado de adultério; 2º) se for considerado o crime de dar a uma família herdeiros estranhos, será preciso provar que o delito foi consumado; ora, isso é impossível, a não ser pela confissão da culpada. De resto, dando-se ao marido e à mulher a liberdade de divorciar-se, a pena contra o adultério é inútil. Aliás, é perigoso permitir que subsista uma lei penal contra o adultério num país onde esse crime é freqüente e tolerado pelos costumes, porque então essa lei não passará de instrumento de vinganças pessoais ou de interesses particulares. (K.)

matrimônio não passa de *sinal visível de uma coisa invisível*, de tal sorte que, sendo dois esposos separados pelas leis do Estado, continua subsistindo a coisa invisível, mesmo depois de destruído o sinal visível. Os dois esposos estão realmente divorciados, e no entanto, pela lei, não podem casar-se de novo. Algumas palavras ininteligíveis impedem que um homem separado legalmente de sua mulher tenha legalmente uma outra, ainda que esta lhe seja necessária. Ele fica, ao mesmo tempo, casado e solteiro. Essa contradição extravagante não é a única que subsiste nesses países onde a antiga jurisprudência eclesiástica se mistura à lei do Estado. Mesmo os príncipes e os reis estão amarrados por essas cadeias ridículas e funestas. São obrigados a mentir altissonantemente diante de Deus para obter por graça um divórcio com outro nome, concedido por um padre estrangeiro. Esse padre, quando quer, declara nulo o matrimônio, em vez de declará-lo desfeito.

Foi assim que o bom e fraco Luís XII, rei de França, viu-se forçado ao perjúrio, jurando que nunca havia consumado o ato conjugal com a filha de Luís XI, ainda que tivessem dormido juntos durante dezoito anos. Foi assim que Henrique VIII da Inglaterra mentiu inutilmente diante dos legados de Clemente VII, e sabe-se bem como a nação foi levada a livrar-se de um jugo odioso que forçava os homens ao perjúrio: portanto é verdade que os venenos mais mortais podem às vezes transformar-se em alimento benéfico!

Foi assim que o grande Henrique IV, em França, e Margarida, sua mulher, foram ambos[60] obrigados a mentir, para levarem ao trono a desditosa Maria de Medici. Foi assim que Isabel de Nemours, rainha de Portugal, mentiu mais impudentemente ainda para largar o marido e casar-se com o cunhado.

Veja-se pois a que estão expostos os reinos quando não há bom senso e coragem bastantes para anular definitivamente um código considerado sagrado, que na verdade é a vergonha das leis e a subversão dos Estados. Mas as nações judiciosas que sentenciam o divórcio dos cônjuges adúlteros deverão acaso acrescentar a pena de morte? Não haverá aí uma contradição funesta? Cada um de seu lado, marido e mulher poderão dar cidadãos ao Estado, e está claro que não os darão se forem mortos.

Se ousássemos por um momento elevar nossa minguada inteligência às esferas da luz inacessível, diríamos que o Deus das vinganças, que outrora

60. Ver artigo DIVORCE, primeira seção, *Dictionnaire philosophique*, II, *in* Voltaire, *Oeuvres complètes*, Garnier, Paris, 1878, tomo XVIII, p. 411.

punia quatro gerações pela transgressão de um único homem e hoje pune para toda a eternidade, esse Deus mesmo perdoou a mulher adúltera.

Ainda não foi expressamente excluída de nossas leis consistoriais o decreto que prescreve o divórcio entre duas pessoas, desde que uma seja atacada pela lepra, "visto que, pela lei divina, está expressamente dito que os leprosos devem ser separados das pessoas sadias".

Nós não conhecemos a lepra. Era uma sarna virulenta, comum em climas tórridos, num povo que errava pelos desertos, privado de todas as comodidades da vida que servem para curar essa doença repugnante. Não parece cabível conservar uma lei que não foi feita para nós tanto quanto aquela outra lei judia que condenava à morte dois esposos que tivessem cumprido seus deveres conjugais nos dias das regras da mulher.

Artigo XIII

Dos casamentos entre pessoas de diferentes credos

Mais de uma nação proscreveu, com penas rigorosíssimas, os casamentos com pessoas que não professassem a religião do país. A política pôde criar essa lei; mas a política muda, e o interesse do gênero humano não. Com o tempo, não será de interesse do bem público que duas pessoas de religiões opostas se reúnam? Acaso haverá maneira mais suave e segura de estabelecer finalmente a tolerância que a Europa deseja? Tolerância tão necessária que constitui a primeira lei, como dissemos[61], de todo o império da Rússia, lei concebida pelo gênio da imperatriz, escrita de seu próprio punho e abençoada por seu povo? Basta olhar para a Prússia, a Inglaterra, a Holanda, Veneza: e que as nações intolerantes enrubesçam.

Artigo XIV

Do incesto

Quanto ao incesto, está demonstrado que se trata de uma lei de decência. O grande *Dicionário enciclopédico*, editado em Paris, afirma que "entre parentes as conjunções foram permitidas em certos casos um tanto raros, como no começo do mundo e imediatamente após o dilúvio etc.".

Pode-se acrescentar que o incesto era então um dever. Se um irmão e uma irmã, ou um pai e

61. Ver artigo VIII, *De l'hérésie*, Mélanges, IX, *in* Voltaire, *Oeuvres complètes*, Garnier, Paris, 1880, p. 548.

sua filha, sozinhos na terra, negligenciassem a propagação, estariam traindo o gênero humano.

Os romanos, inimigos dos persas desde que se tornaram seus vizinhos, acusavam esses mesmos persas de legitimar o incesto. Durante muito tempo correu por Roma o boato de que na família do grande soberano as mães deitavam-se com seus filhos, e que, para atingir a categoria dos magos, era preciso ter nascido desse acasalamento. Catulo diz expressamente:

> *Nam magus ex matre et gnato gignatur oportet*[62].
> (Carm. 88, v. 3.)

A essa brava nação começaram a ser imputadas várias torpezas a partir do momento em que ela venceu e matou Crasso, assim como os monges gregos fizeram a Maomé II as acusações mais atrozes e ridículas depois que ele tomou Constantinopla. Era uma vingança de monges: denunciava-se um herege.

Hoje, em algumas nações da Europa, afirma-se não ser permitido que um viúvo se case com parenta de sua mulher até o quarto grau, e as viúvas seriam culpadas da mesma transgressão caso

62. De fato, é preciso que o mago seja gerado pela mãe com seu próprio filho. (N. da T.)

uns e outras não comprassem uma dispensa do papa.

Há nessas mesmas nações um outro incesto denominado *espiritual*. É uma espécie de sacrilégio um eclesiástico deitar-se com rapariga que ele tenha batizado ou confirmado ou confessado. Consultem-se os *Casos* de Pontas, palavra *Incesto*.

A França não tem lei expressa contra essas espécies de delitos, mas alguns tribunais por vezes os puniram com a morte baseados em sua própria autoridade. A respeito, podemos observar a superioridade da jurisprudência inglesa: ela puniria qualquer juiz que tivesse infligido uma pena que a lei não decretasse.

Incumbe à sabedoria dos governantes ditar as leis, tornar proporcional cada pena a cada delito e refrear réus e juízes.

Não estaria na hora de deixar de considerar incestuosos os casamentos entre primos-irmãos? Nossas autoridades poderiam permiti-lo para o bem das famílias. O papa os permite mediante pagamento.

Artigo XV

Do estupro

Para as raparigas ou mulheres que se queixassem de estupro, parece-me que bastaria contar-lhes como certa rainha invalidou habilmente a acusação de uma queixosa. Tomou a bainha de uma espada e, mexendo-a sem parar, mostrou à mulher que não era possível, daquele modo, pôr a espada na bainha.

O estupro é como a incompetência conjugal: há certos casos que os tribunais nunca devem apreciar.

A França é o único país em que se admitiu a prova por verificação médica. Finalmente os juízes criaram vergonha[63].

Artigo XVI

Pais e mães que prostituem os filhos

Só na última classe dos miseráveis é que essa infâmia pode ser praticada. É mais da alçada de um juiz subalterno de polícia do que de um gru-

63. O estupro é um verdadeiro crime, independentemente de quaisquer idéias de honra e virtude vinculadas à castidade. É uma violação da propriedade que cada um deve ter de sua pessoa; é um ultraje cometido pela força contra a fraqueza. Deve ser punido como os outros atentados à segurança pessoal, que são distintos do assassinato. O expediente dessa rainha é uma brincadeira; supõe um sangue-frio difícil de conservar. Se um homem, mesmo munido de uma arma, se deixa matar porque o medo o impediu de usá-la, nem por isso o assassino é menos culpado. As provas do estupro não são impossíveis, e elas podem ser tais que não deixem pairar dúvidas; é só a partir delas que se pode condenar. Aliás,

po de magistrados superiores; só pode ter-se introduzido nessas cidades imensas onde há um grande número de ricos voluptosos que por alto preço compram os prazeres criminosos e um número ainda maior de indigentes que os vendem.

Espanta-me que nossos comentadores da lei *Carolina* falem de tal comércio. Ele deve ser desconhecido num país como o nosso, onde as grandes fortunas nunca insultam a miséria pública e onde não se conhece o luxo.

Artigo XVII

Das mulheres que se deitam com seus domésticos

Como pôde Constantino, o mais devasso dos imperadores, ter condenado esses domésticos à fogueira e suas amantes à decapitação? (*Código*, liv. IX, tít. XI). Foram os príncipes mais malvados que tantas vezes se meteram em brios de criar as leis mais rígidas que já existiram. O cardeal de Fleury chamava de valetudinárias[64] as

esse crime pode ser cometido por várias pessoas em conjunto, com o emprego de ameaças: assim, mesmo sendo rara a sua perpetração por um homem só, ele não pode ser incluído na categoria dos crimes imaginários ou daqueles que a lei não deve apreciar. (K.)

64. Evidentemente, nesse caso a palavra não tem o significado com que normalmente é conhecida. Trata-se de um trocadilho feito com a palavra francesa *valet*, criado. (N. da T.)

mulheres que demonstravam um fraco por seus criados[65].

Artigo XVIII

Do rapto

A lei *Carolina* e os decretos de França estabelecem a pena de morte para o raptor. A lei inglesa só ordena a morte nos casos em que a rapariga apresente queixa de rapto[66].

Artigo XIX

Da sodomia[67]

Os imperadores Constantino II e Constâncio, seu irmão, foram os primeiros a decretar pena de

65. Uma lei de França condena, nesse caso, o criado à morte, quando a mulher é casada ou quando se trata de uma rapariga sujeita à autoridade dos pais. Era assim que outrora a vaidade espezinhava a humanidade e a justiça; era assim que quem tinha ancestrais ou riquezas ousava confessar seu insolente desprezo pelos homens; e os séculos produziram essas leis que alguns têm a imbecilidade ou a torpeza de lembrar nostalgicamente. Essa lei é uma daquelas que, em nome da honra da nação, devemos desejar ver extirpada de nosso código. (K.)

66. E não é suficiente. Seria necessário que ela também provasse ter sofrido violência ou ameaças; provasse que não viveu voluntariamente com o raptor. A vida de um homem não pode depender do enfado ou da vaidade de uma jovem que induziu ao rapto. (K.)

67. Ver artigo AMOUR SOCRATIQUE, *Dictionnaire philosophique*, I, *in* Voltaire, *Oeuvres complètes*, Garnier, Paris, 1878, tomo XVII, p. 179.

morte contra essa torpeza, que desonra a natureza humana (*Código*, liv. IX, tít. IX). A novela 141 de Justiniano é o primeiro rescrito imperial em que se empregou a palavra *sodomia*. Essa expressão só ficou sendo conhecida muito tempo depois das traduções gregas e latinas dos livros judaicos. A torpeza por ela designada era antes especificada pelo termo *paedicatio*, de origem grega.

O imperador Justiniano, em sua novela, não decreta pena alguma. Limita-se a inspirar o horror que merece tal infâmia. Não se deve crer que esse vício, que se tornou tão comum na cidade dos Fabrícios, Catões e Cipiões, não tinha sido reprimido pelas leis: foi reprimido pela lei *Escantínia*, que expulsava os culpados de Roma e impunha-lhes uma multa; mas essa lei foi logo esquecida, sobretudo quando César, vencedor de uma Roma corrompida, instalou essa devassidão na cadeira do ditador, e quando Adriano a divinizou.

Constantino II e Constâncio, quando cônsules, foram, portanto, os primeiros que se armaram contra o vício tão honrado por César. A lei por eles instituída, *Si vir nubit*, não especifica a pena; mas diz que a justiça deve armar-se: *Jubemus armari jus gladio ultore*[68], e que cumpre lançar mão

68. Ordenamos que a lei se arme com o gládio da vingança. (N. da T.)

de suplícios requintados, *exquisitis poenis.* Está claro que sempre se foi mais severo contra os corruptores de jovens do que contra os próprios jovens, e assim deveria ser.

Quando esses delitos, tão secretos quanto o adultério e de comprovação tão difícil, são levados aos tribunais, que com eles se escandalizam, quando esses tribunais são obrigados a apreciá-los, não deveriam eles fazer uma distinção cuidadosa entre o homem feito e a idade inocente, que fica entre a infância e a juventude?

Esse vício indigno do homem não é conhecido em nossos climas rudes. Não existiu lei em França para a sua investigação e sua punição. Houve quem imaginasse encontrá-lo nas instituições legais de São Luís. "*Se aucuns est souspeçonneux de bulgarie, la justice laie le doit prendre, et envoyer à l'evesque; et se il en estoit prouvés, l'en le doit ardoir, et tuit li mueble sont au baron.*"[69] A palavra *bulgarie*[70], que significa apenas heresia, foi tomada como pecado contra a natureza, e esse texto serviu de fundamento para se queimarem vivos

69. Se alguém for suspeito de *bulgarie*, deverá ser preso pela justiça secular e enviado ao bispo; e, se isso ficar provado, ele deverá ser queimado, e todos os seus bens móveis ficam com o barão. [N. da T.]

70. Ver artigo BULGARES ou BOULGARES, *Dictionnaire philosophique*, II, *in* Voltaire, *Oeuvres complètes*, *op. cit.*, e artigo BULLE, *Dictionaire Philosophique*, II, *in* Voltaire, *Oeuvres complètes*, *op. cit.*, tomo XVIII, pp. 38 e 45.

os poucos infelizes culpados dessa abjeção, mais feita para ser enterrada nas trevas do esquecimento do que para ser alumiada pelas chamas das fogueiras diante dos olhos da multidão.

O miserável ex-jesuíta[71], apesar de tão infame pelos panfletos que escreveu contra tanta gente honesta quanto pelo crime público de ter pervertido até limpadores de chaminés em Paris, só foi condenado à fustigação secreta na prisão dos vagabundos de Bicêtre. Já se observou[72] que as penas freqüentemente são arbitrárias, e que assim não deveriam ser; que é a lei, e não os homens, que deve punir.

A pena imposta a esse homem era suficiente; mas não podia ter a utilidade desejada, pois, não sendo pública, não foi exemplar[73].

....

71. Desfontaines; ver *L'abbé Desfontaines e le ramoneur. Contes en vers*. Satires, Épitres, *in* Voltaire, *Oeuvres complètes*, Garnier, Paris, 1877, tomo X, p. 521.

72. Ver artigo BLASPHÈME, *Dictionnaire philosophique,* II, *in* Voltaire, *Oeuvres complètes*, Garnier, Paris, 1878, tomo XVIII, p. 521.

73. A sodomia, quando não há violência, não pode dar ensejo a leis criminais. Ela não viola o direito de nenhum outro homem. Sobre a ordem da sociedade exerce influência apenas indireta, como o alcoolismo e o amor pelo jogo. Trata-se de vício baixo, repugnante, cuja verdadeira punição é o desprezo. A pena da fogueira é atroz. A lei da Inglaterra, que expõe os culpados a todos os insultos da ralé, sobretudo das mulheres, que às vezes os atormentam até a morte, é ao mesmo tempo cruel, indecente e ridícula. De resto, não se deve deixar de notar que só da superstição decorre o uso bárbaro do suplício do fogo. (K.)

Artigo XX

Deve-se obedecer a ordem injusta de um poder legítimo?

Talvez eu tenha entrado em minudências excessivas em torno dos delitos que podem ocupar a atenção dos magistrados. Não falarei das leis passageiras que não sobrevivem ao poder do qual emanaram, proibições que só podem durar enquanto durar o perigo, regulamentos ditados pelo capricho, que são inúteis ou inexeqüíveis; mas devo consultar-vos sobre as ordens soberanas que revoltam a natural eqüidade.

Deveis obedecer aos que fazem leis em vossa pátria, uma vez que ali residis, concordo; mas suponhamos que vos chamais Banaías[74] e sois capitão das guardas de um pequeno rei numa terra de quarenta e cinco léguas de comprimento por quinze de largura. Sabeis que o falecido rei deixou dois filhos, dos quais o mais novo nasceu de mulher adúltera, cúmplice do assassinato de seu primeiro marido; o pai dessas duas crianças, cometendo nova injustiça em favor dessa prostituta, deserdara o filho mais velho, nascido de uma princesa virtuosa. Instituiu rei o caçula, filho da pros-

74. Banaías era capitão dos guardas de Davi; ver, na *Bíblia*, livros II e III de *Reis*.

tituição e do assassínio. O infeliz deserdado não pede ao detentor de seus bens outra graça senão a permissão de casar-se com uma jovem que serviu durante alguns meses para aquecer seu velho pai. Para obter a concessão, chega a implorar a proteção da velha mãe de seu irmão. E como recebe o irmão essa súplica? Como única resposta, ele vos ordena, a vós, Banaías, capitão de cerca de vinte assassinos chamados guardas, matar o irmão mais velho. O irmão mais velho pede misericórdia, invoca seu Deus, abraça os cornos do altar; o caçula ordena que assassineis o irmão, vosso rei legítimo, sobre aquele mesmo altar. Pergunto-vos, Banaías, se deveis obedecer.

Acredito que Deus mesmo precisaria descer do empíreo em toda a sua majestade e vos ordenar esse parricídio, por razões desconhecidas dos pobres mortais. Quanto a mim, lhe diria: "Senhor, minha mão está trêmula; dignai-vos encarregar algum outro judeu dessa incumbência."

E visto que ainda hoje nos esforçamos por buscar exemplos de conduta nesse povo, outrora governado por Deus e tantas vezes infiel a Deus, nesse povo que preparou nossa salvação e é objeto de nosso horror; visto que tantas vezes confundimos seus crimes com a lei natural e divina que os condena, vou escolher mais um exemplo nesse povo, entre centenas de outros exemplos.

Quando Simeão e Levi fizeram um pacto com os habitantes de Siquém, hoje Naplusa; quando obrigaram o chefe da cidade a circuncidar-se e a circuncidar seu filho e todos os habitantes; quando, no terceiro dia após a operação, a febre por supuração abatia as forças de seus novos irmãos, e Simeão e Levi degolaram o chefe, toda a sua família e o povo todo, nisso sem dúvida Simeão e Levi foram ajudados por seus servidores e escravos, se os tinham. Digo que esses escravos eram tão culpados quanto seus senhores; digo que, mesmo se, naquele momento, os judeus tivessem um profeta, um pontífice, um sinédrio, obedecer às suas ordens teria sido um crime execrável.

O rapto das sabinas por Rômulo teria sido um ato de bandidos menos bárbaros se tivesse sido cometido por deliberação do senado?

A Noite de São Bartolomeu perderia hoje algo de seu horror se – supondo-se o impossível – o Parlamento de Paris tivesse baixado uma decisão que obrigasse todo fiel católico a saltar da cama quando o sino tocasse para ir mergulhar o punhal no coração dos vizinhos, dos amigos, dos parentes, dos irmãos que fossem ao culto protestante?

Os miseráveis fidalgos denominados os "quarenta e cinco", que assassinaram tão covardemente o duque de Guise, teriam sido menos culpados se tivessem cometido essa indignidade obedecendo a uma decisão do Conselho?

Não, decerto; crime é sempre crime, tenha ele sido ordenado por um príncipe no enceguecimento da cólera, tenha ele sido autorizado por diplomas selados a sangue-frio com todas as formalidades possíveis. Razão de Estado não passa de expressão inventada para servir de desculpa aos tiranos. A verdadeira razão de Estado consiste em precaver-se contra os crimes dos inimigos, e não em cometê-los. Chega a ser imbecil ensinar os inimigos a vos destruir imitando-vos.

Não adianta o abade de Caveyrac dizer que a Noite de São Bartolomeu "foi assunto político"[75]; essa seria a política de Cérbero e das Fúrias.

....

75. O sr. de Voltaire se enganou: não foi o abade de Caveyrac quem disse essa tolice; foi Gabriel Naudé, em *Considérations politiques sur les coups d'état*, p. 170, edição in-12 da Holanda, 1667. (K.)

– Caveyrac, p. 1 de *Dissertation sur la journée de la Saint-Barthélemy*, impresso após sua *Apologie de Louis XIV*, etc. (ver *Fragment sur l'Histoire Général*, XIV, *Fragment sur la Saint-Barthélemy*, Mélanges, VIII, *in* Voltaire, *Oeuvres complètes*, tomo XXIX, p. 272), diz que a Noite de São Bartolomeu foi um *assunto de proscrição*, e os termos são transcritos fielmente por Voltaire (*Des conspirations contres les peuples, ou Des proscriptions*, capítulo "Fragment sur la Saint-Barthélemy", Mélanges, V, *in* Voltaire, *Oeuvres complètes*, *op. cit.*, tomo XXVI, p. 10 e XXIX, p. 272 e "Fragment sur l'Histoire Général", XIV, "Fragment sur la Saint-Barthélemy", Mélanges, VIII, *in* Voltaire, *Oeuvres complètes*, *op. cit.* Voltaire, sempre citando de memória, em 1777, com a idade de oitenta e três anos, enganou-se numa palavra, que, porém, não muda o sentido do autor por ele acusado.

Dizem que os executores, os fautores da justiça, devem obedecer cegamente; que não cabe a eles examinar se o suplício de que são apenas instrumentos é justo ou não. E eu vos digo que essa gente é tão criminosa quanto os juízes, quando põe em execução uma sentença reconhecida como evidentemente injusta e bárbara no tribunal da consciência de todos os homens.

Não sei de que escritor um tanto extraordinário é um romance chamado *Emílio*, cujo herói, nobre carpinteiro, disse que "o delfim de França devia casar-se com a filha do carrasco, se assim achasse conveniente". Ouso afirmar que, se o carrasco de Paris pudesse ter salvo a esposa do marechal d'Ancre[76] recusando-se a cumprir ordens, o filho dessa mulher teria feito bem em casar-se com a filha do salvador de sua mãe, apesar do horror da profissão do pai.

Aí está uma parte do código que eu teria anunciado aos partidários de Brunilda ou de Fredegunda, à facção da rosa vermelha e à da rosa branca, aos Armagnacs e aos Bourguignons, aos canalhas dos dois partidos no grande cisma do Ocidente, aos infames parlamentos do tirano Henrique VIII.

76. Concini, aventureiro italiano, marechal de França, marido da irmã de leite de Maria de Médici. Insurgiu-se contra o rei Luís XIII, que decidiu eliminá-lo. Foi morto ao ser preso. (N. da T.)

Portanto, não vos convidamos a falar das pretensas leis promulgadas nos tempos da tirania e do banditismo.

Não consideramos sequer um julgamento legal a sentença da Câmara Estrelada da Inglaterra, em virtude da qual o advogado Prynne teve as orelhas cortadas no pelourinho e pagou mil libras esterlinas de multa, por ter composto um livro contra a comédia, em 1633. Era o tempo em que o cardeal Richelieu fomentava o teatro em França; e a rainha Henriqueta, filha do grande Henrique IV e esposa do desafortunado Carlos I, protegia o teatro e as belas-artes em Londres. Prynne era um fanático imbecil, que não merecia punição tão severa; mas naquele tempo o partido da corte e a facção oposta começavam a interpretar as leis com crueldade.

Sabe-se muito bem que essa fúria sinistra de somar as formalidades da lei aos horrores da política foi levada a tal ponto naquela nação, então feroz, que seu rei, vendido por escoceses a ingleses, foi por fim condenado à morte e executado por um pretenso tribunal de justiça presidido por um aguazil à guisa de Grande *Steward*, tribunal do qual participavam um sapateiro e um carroceiro misturados a trinta e oito coronéis. Foi o mais solene e tranqüilo assassinato jurídico de que qualquer nação já se tenha gabado.

Se algum crime executado com a formalidade de pretensa justiça pode ser comparado a esse soberbo crime de Cromwell, tal crime é o suplício do jovem Conradino[77], legítimo rei de Nápoles e da Sicília pela graça de Deus, condenado à morte pelos lacaios togados de Carlos de Anjou, rei da Sicília pela graça do papa[78].

....

77. Trata-se de Conrado V ou Conrado, o Jovem (alemão Konradin), último representante da dinastia alemã Hohenstaufen. [N. da T]. Ver capítulo LXI, "De Charles d'Anjou, Mainfroi et Conradin", *Essai sur les moeurs*, I, *in* Voltaire, *Oeuvres complètes*, Garnier, Paris, 1878, tomo XI, p. 493.

78. Haverá alguém a quem possamos informar que Conradino nascera rei das Duas Sicílias por via de seu pai, Conrado, e de seu avô, o grande imperador Frederico II? Quem não sabe que esse jovem príncipe, esperança da Alemanha, destinado ao império, teve a coragem, aos dezesseis anos de idade, de vir lutar por sua herança das Duas Sicílias, que os papas haviam dado a Charles d'Anjou? Sabe-se bem que Conradino foi convidado por seus súditos e pelos romanos a reassumir o trono. Aportou na pátria juntamente com Frederico, duque da Áustria, seu primo-irmão e irmão de armas, cuja amizade foi por muito tempo tão célebre na Itália quanto a que ligava Pílades a Orestes na Grécia. Ambos eram acompanhados por Henrique, irmão do rei de Castilha, e por uma multidão de cavaleiros castelhanos. Os muçulmanos se alinharam sob suas bandeiras, assim como os cristãos. Esse insigne exército foi destruído por um estratagema. Conradino e seu bravo amigo foram entregues a Carlos de Anjou. Este príncipe, que se fizera vassalo do papa, consultou Clemente IV, seu senhor e suserano, para saber como devia tratar seus dois prisioneiros. *A vida de Conradino é a morte de Carlos*, respondeu o pontífice. Carlos, por conseguinte, ordenou o julgamento do rei das Duas Sicílias e do duque da Aústria como criminosos de lesa-majestade divina e humana. O carrasco lhes arrancou a cabeça em praça pública, e Conradino morreu beijando a cabeça do duque da Áustria. Não temos as cartas em que São Luís, irmão do duque de Anjou, decerto repreendeu o irmão por um crime tão cruel e covarde. (Nota de Voltaire)

Não vos falarei de tantos outros assassinatos cometidos alhures com ares de justiça. Só vos pedimos um código para povos policiados que dele sejam dignos.

Artigo XXI

Dos libelos difamatórios

Entre os romanos, os *famosi libelli*, libelos que atacavam a reputação, eram crime de lesa-majestade quando o imperador era ultrajado. Triboniano atribui a seu imperador Justiniano, no *Digesto*, liv. XLVIII, tít. IV, as seguintes palavras: "*Non lubricum linguae ad poenam facile trahendum est*; uma palavra que escapa imprudentemente não deve ser punida facilmente." Antes já Teodósio havia falado com mais dignidade, e o código lhe atribui palavras mais memoráveis, liv. IX, tít. VII: "Se proceder de leviandade, convém desprezar; se de loucura, é digno de piedade; se de intenção de prejudicar, deve ser perdoado: *si ex levitate processerit, contemnendum; si ex insania, miseratione dignissimum; si ab injuria, remittendum.*"

O imperador Juliano, o filosófo, fizera melhor. Sempre perdoara. Cito esse grande homem porque nossas províncias respiraram durante seu domínio, bem como as Gálias, pois ele diminuiu os impostos em dois terços, praticou a justiça como Catão, e sua vigilância e sua coragem nos livraram do jugo dos sicambros e dos outros povos além-Reno que nos subjugaram a partir de então. Nada pode nos eximir do reconhecimento que devemos a esse herói, nosso benfeitor.

Um texto difamatório parece passível de punição na proporção do mal que possa causar. Se for de temer que ele inspire sedição contra o soberano, deverá ser reprimido por pena pesada: e essa foi com freqüência a jurisprudência romana. Se a difamação só fizer referência a gostos, fraquezas, ações ridículas, é bom evitar impetrar processo, para que o ridículo não seja maior.

Eu não incluiria aqui na categoria dos libelos difamatórios passíveis de repressão pela justiça ordinária certas bulas que, no entanto, vários parlamentos de França condenaram à fogueira, como por exemplo a que foi publicada em Roma no ano de 1585 por instigação da Liga contra Henrique IV, nosso augusto aliado, e contra o príncipe de Condé, seu êmulo em virtude e coragem. Nesse libelo difamatório, ambos são chamados de "*proles detestabilis ac degener familiae Borboniorum. Pronuntiamus illos haereticos, relapsos, haereticorum duces, impoenitentes, laesae majestatis di-*

vinae reos. Privamus illum Henricum Navarrae regno; Hunc et utrumque eorumque posteros omnibus principatibus, ducatibus, dominiis, et officiis regiis, etc., etc." E aí vai a tradução desse mau latim: "Declaramos que Henrique, doravante rei de Navarra, e Henrique, doravante príncipe de Condé, raça detestável e degenerada da casa de Bourbon, são hereges, relapsos, comandantes de hereges, impenitentes, culpados do crime de lesa-majesdade divina. Nós privamos esse Henrique de Navarra de seu reino e [privamos] cada um deles e a posteridade deles de todos os principados, ducados, domínios, de todas as honras e de todos os ofícios reais, etc., etc."

Um Gustavo Adolfo, um Carlos XII, um Frederico da Prússia teriam respondido indo a Roma à frente de um exército. Henrique IV, tão valente quanto eles, só respondeu com um desmentido afixado aos muros do Vaticano. Então não tinha exército; e só teve exército completo na época em que o fanatismo o assassinou pela mão do último dos homens. Ousamos esperar que os tempos desses libelos difamatórios absurdos não voltem mais.

Artigo XXII

Da natureza e da força das provas e presunções

§ I – *Do flagrante delito*

A primeira prova é o flagrante delito. Ela atesta o fato, mas nem sempre atesta que essa ação flagrante é um crime. Vemos um homem matar outro homem, mas, se ele estiver matando o assassino de seu pai ao persegui-lo na hora do assassinato, só merecerá aplausos; se estiver matando seu agressor, nada haverá para censurar-lhe; se estiver matando por uma afronta cruenta, num primeiro ímpeto de cólera, a própria lei deverá perdoá-lo, indenizando a família do morto. Em suma, toda ação pode ter diversas facetas.

§ II – *Das testemunhas*

A segunda prova é o testemunho. Acaso será preciso que em todos os casos, para condenar um acusado, bastem duas testemunhas constantes e invariáveis em seus depoimentos uniformes? Dois homens inspirados pelo mesmo tipo de prevenção se enganam com tanta freqüência e acreditam ter visto o que não viram! Principalmente quando os ânimos estão exaltados, quando o entusiasmo político ou religioso ofusca a visão.

Acaso no processo criminal de Sirven, em 1762, não houve um médico e um cirurgião, católicos zelosos, que viram água no estômago da filha de Sirven, cujo corpo foi por eles aberto, e concluíram que Sirven havia afogado a filha, porque ele era protestante, ainda que a presença de água no estômago pudesse ter sido uma prova, em boa física, de que ela não tinha morrido afogada?

Uma conjuração do populacho de Lyon não terá visto, em 1772, alguns jovens carregar, dançando e cantando, o cadáver de uma moça que tinham acabado de violar e assassinar? Acaso isso não foi afirmado em justiça de maneira unânime? No entanto, os juízes reconheceram por fim, solenemente, em sua sentença, que não houvera moça violada nem cadáver carregado nem canto nem dança.

Ainda por muito tempo todos se lembrarão do inocente e nobre Langlade, que foi condenado à tortura e às galés, onde morreu.

O primeiro indício de roubo de que ousaram acusá-lo foi o depoimento de dois criados que acreditaram ter visto que Langlade e sua mulher empalideceram e tremeram na primeira aparição do conde de Montgomery, que nem desconfiava ainda do roubo de que se queixou depois. Erros desse tipo são muitíssimo comuns e por demais funestos.

Para só citar exemplos conhecidos e acima de qualquer crítica, cabe relatar ainda a incrível porém pública aventura de La Pivardière. A sra. de Chauvelin, casada em segundas núpcias com ele, foi acusada de mandar matá-lo em seu castelo. Duas criadas foram testemunhas do crime. A própria filha ouviu os gritos e as últimas palavras do pai: *Meu Deus, tende piedade de mim!* Uma das criadas, doente, correndo perigo de vida, invoca Deus, recebendo os sacramentos de sua Igreja, para afirmar que sua patroa viu quando mataram o patrão. Várias outras testemunhas viram as roupas manchadas de sangue; muitas ouviram o tiro com que se deu início ao assassinato. Sua morte é dada como certa. No entanto, nenhum tiro fora dado, não havia sangue derramado, e ninguém fora assassinado. O resto é ainda mais extraordinário. La Pivardière volta para casa; apresenta-se aos juízes da província, que intentavam reparar sua morte. Os juízes não desejam baldar os procedimentos; afirmam-lhe que ele está morto, que é um impostor por dizer que ainda está vivo, que deve ser punido por mentir daquele modo para a justiça, que os autos são mais fidedignos que ele. Esse processo criminal dura dezoito meses antes que o pobre homem consiga obter a sentença *certificando que está vivo.*

Deus de justiça! Quantos exemplos de erros funestos se renovam a cada ano na Europa, em quase todos os tribunais governados pela compilação de Triboniano ou pelo antigo costume feudal! Nem todas essas catástrofes têm a mesma repercussão do caso Calas; nem todas são levadas aos pés do trono. O fanatismo não lhes confere a celebridade horrenda que penetra tão profundamente nos espíritos. Mas a morte do chamado Montbailli, em Saint-Omer, e a condenação de sua mulher a ser queimada viva[79] foram mais horríveis e menos escusáveis que a do velho pai de família Calas[80].

No momento em que vos falo, acontece na Bretanha[81] uma cena não menos revoltante. Fui

....

79. Em 1770, o tribunal superior de Arras intenta, sem nenhuma evidência prévia, o julgamento de um jovem chamado Montbailli, condenando-o à questão ordinária e extraordinária, ao suplício do punho cortado, a ser quebrado e jogado vivo nas chamas, e sua mulher, a ser queimada com ele: o marido, como assassino da mãe, e a mulher como cúmplice. O tribunal profere essa sentença de moto-próprio, sem que haja um único acusador, uma única testemunha. Parece que lhe dá prazer levar à morte dois cidadãos em meio a tormentos. O marido é executado; a mulher, por estar grávida de três meses, é reservada para ir à fogueira depois do resguardo do parto. Se, por acaso, o chanceler de França não tivesse sido avisado, a iniqüidade teria sido consumada. Que indenização teve essa mulher infeliz? Nenhuma. Só que essa barbárie ficou sendo conhecida. (Nota de Voltaire)

80. *La méprise d'Arras*, Mélanges, VII, Voltaire, *Oeuvres complètes*, Garnier, Paris, 1879, e os artigos LOIS, LOIS CRIMINELLES, *Dictionnaire philosophique*, III, *in* Voltaire, *Oeuvres complètes*, Garnier, Paris, 1879, tomo XXVIII, p. 425.

81. Eis o que aconteceu na Bretanha: dois réus são condenados por um parlamento com duas mulheres supostamente cúmplices. Os dois homens, no testamento de morte, declaram que as mulheres são inocentes. O relator alega que a lei não acolhe esse tipo de justificação tardia e exige o enforcamento dos quatro. O carrasco, mais piedoso que o

testemunha de várias delas. O coração se entristece e a mão treme quando nos lembramos de quantos horrores saíram do seio das próprias leis. Seríamos então tentados a desejar que todas as lei fossem abolidas, e que outras não houvesse além da consciência e do bom senso dos magistrados. Mas quem pode garantir que essa consciência e esse bom senso não se extraviam? Não restará outro recurso senão erguer os olhos aos céus e chorar a natureza humana?

Vimos, pelas cartas de vários jurisconsultos de França, que não passa um ano sem que algum tribunal condene à morte, por suplício, infelizes cuja inocência é depois reconhecida e fica sem reparação. É preciso ter dinheiro para exigir justiça numa revisão, mas as pobres famílias que a

advogado e raciocinando melhor, depois de enforcar os dois homens e uma das mulheres, aconselha baixinho a última a dizer bem alto que está grávida. A execução é suspensa, escrevem para Versailles, e a mulher é salva.

Por acaso, no conhecidíssimo processo do conde de Morangiès, duas testemunhas, obstinadas em afirmar inabalavelmente a mentira mais absurda, não seduziram a tal ponto o juiz subalterno ao qual o caso fora encaminhado que este acreditou totalmente naqueles dois miseráveis, sobretudo num cocheiro chamado Gilbert, famoso então em meio à canalha e visto pelo populacho como virtuoso inimigo da nobreza? Foi com base nos protestos desse sedicioso que o juiz ousou denegrir um marechal-de-campo, indignamente acusado. Deve ter-se arrependido de seu erro, quando, um ano depois, esse generoso cocheiro foi reconhecido como ladrão público e falsário, sendo punido pela justiça. (Nota de Voltaire) requereriam estão reduzidas à mendicância, enquanto na capital trezentos ou quatrocentos mil homens ociosos, depois de se terem dedicado a convulsões durante vinte anos, discutem alegremente sobre jardins públicos, óperas cômicas, fusas e semifusas.

§ III – *Dos acusadores que administram provas do crime*

Felizes as nações que foram suficientemente sábias para estatuir que o acusador seria posto na prisão em que se encerrasse o acusado. De todas as leis, é a mais justa. Ainda assim os delatores têm como se esquivar. Calvino mandou seu lacaio Lafontaille, aprendiz de teologia, acusar Servet, e pondo-se assim a salvo da lei só fez prosseguir com mais vigor na sua acusação. Nem por isso a lei deixa de ser justa. Ela se parece com as liças medievais em campo fechado, em que os campeões eram obrigados a lutar com armas iguais, compartilhando as mesmas condições de sol e vento. A maneira de lutar era racional e justa, embora fosse muito injusto e insensato que a verdade dependesse de um combate.

Quantas testemunhas de acusação acorreram a Paris, vindas de seis mil léguas, para acusar o general Lally de traição à França, ele que derramara seu sangue pela França, assim como toda a sua família! Hoje nos pedem que, estando no trono um rei justo, seja revisto esse funesto processo. De que glória se cobrirá o conselho se sua eqüidade puder reformar, por meio das leis, a sentença impiedosa proferida contra o general Lally ao abrigo das leis![82]

§ IV – *Se toda testemunha deve ser ouvida*

Eu me inclinaria a acreditar que todo homem, seja quem for, pode servir de testemunha. A imbecilidade, o parentesco, a domesticidade e a própria infâmia não impedem de enxergar e ouvir bem. Cabe aos juízes pesar o valor do testemunho e as censuras que lhe devem ser opostas. Os depoimentos de um parente, um associado, um criado, uma criança não devem ser decisivos, mas podem ser ouvidos, porque podem lançar luzes sobre a questão.

Alguém está na prisão por dívidas; um prisioneiro assassina outro; trinta prisioneiros que viram o assassinato garantem que esse alguém não é culpado: o depoimento deles não seria admiti-

82. O desejo de Voltaire se realizou. A decisão do parlamento de 6 de maio de 1766 foi anulada no reinado de Luís XVI, no dia 21 de maio de 1778. Ver carta de Voltaire ao filho de Lally, de 26 de maio de 1778; ver *Fragments historiques sur l'Inde et sur le général Lally*, artigo XX, Mélanges, VIII, *in* Voltaire, *Oeuvres complètes*, Garnier, Paris, 1879, tomo XXIX, p. 161.

do, a pretexto de que eles são infames ou considerados civilmente mortos? E os testemunhos de dois miseráveis que nunca foram condenados seriam os únicos aceitos? Já vos imaginastes vítimas disso?

§ V – *Só o juiz deverá ouvir a testemunha em segredo, e essa testemunha poderá depois desdizer-se?*

Todos esses procedimentos secretos assemelham-se, talvez demais, ao pavio que queima imperceptivelmente para atear fogo à bomba.

Caberá à justiça ser secreta? Só é próprio do crime o esconder-se.

Essa é a jurisprudência da Inquisição; aquela em virtude da qual pereceram tantos cavaleiros do Templo, virtuosos porém ricos demais, cujo suplício e desapossamento queriam alguns; primeira erupção infernal que anunciou de longe o vulcão de São Bartolomeu. Pune-se na França a testemunha que se desdiz depois de assinado o depoimento, ou seja, depois de seu segundo interrogatório secreto. Caberá a punição, se ela se tiver deixado corromper, mas não a partir apenas da suposição de que ela pode ter sido corrompida.

Artigo XXIII

Deve-se conceder ao acusado um conselheiro, um advogado?

Atirar um homem numa masmorra, deixá-lo ali sozinho, presa do pavor e do desespero, interrogá-lo só quando sua memória já estiver destruída pelas angústias do medo e da perturbação do corpo, não será isso atirar um viajante numa caverna de ladrões para ser assassinado? Esse é o método da Inquisição. Só essa palavra já causa horror.

Na Inglaterra, ilha famosa por tantas atrocidades e tantas boas leis, os próprios jurados eram os advogados do acusado. Desde os tempos de Eduardo VI, socorriam sua fraqueza; sugeriam-lhe todas as maneiras de defender-se. Mas, no reinado de Carlos II, foi concedido o ministério de dois advogados a todo acusado, pois considerou-se que os jurados são apenas juízes do fato, e os advogados conhecem mais as ciladas e esquivas da jurisprudência. Na França, o código criminal parece orientado para a ruína dos cidadãos; na Inglaterra, para a sua salvaguarda.

E não só o cidadão; também o estrangeiro encontra segurança na própria lei, pois escolhe seis estrangeiros para perfazer o número dos doze jurados que o julgarão. É um privilégio em favor do universo inteiro.

Artigo XXIV

Da tortura

Visto haver ainda povos cristãos – mas que estou dizendo! –, sacerdotes cristãos, monges cristãos que usam a tortura como principal argumento, é preciso começar a dizer-lhes que Calígulas e Neros nunca ousaram exercer esse furor contra um único cidadão romano.

Ela é solenemente proibida com execração no vasto império da Rússia. Foi abolida em todos os Estados do herói do século, o rei da Prússia; em todos os da imperatriz-rainha; o justo e benfazejo *landgrave* de Hesse[83] a proscreveu; ela é abominada na Inglaterra em outros governos. O que restará às outras províncias da Europa que ainda não adotaram essa legislação?

A famosa lei *Carolina*, de Carlos V, só fala de tortura. Era esse o primeiro procedimento em todo processo criminal, enquanto na França comissários nomeados por Francisco I, pai das letras, enviavam à tortura o conde de Montecuculli, súdito do imperador Carlos V, nobre inocente ridiculamente acusado de ter envenenado o jovem delfim e depois foi puxado por quatro cavalos.

....

83. Frederico II, nascido em 1720, *landgrave* em 1760, falecido em 1785.

Nos livros que fazem as vezes de código, em França, só se encontram essas palavras pavorosas: questão preparatória, questão provisória, questão ordinária, questão extraordinária, questão com reserva de provas, questão sem reserva de provas, questão em presença de dois conselheiros, questão em presença de médico, de cirurgião; questão feita às senhoras e senhoritas, desde que não estejam grávidas. Parece que todos esses livros foram escritos pelo carrasco.

Causa surpresa encontrar nesse código de horror uma carta do chanceler D'Aguesseau, de 4 de janeiro de 1734, na qual estão estes mesmos termos: "Ou a prova do crime está completa, ou não está: no primeiro caso, não se deve duvidar em pronunciar a pena disposta em lei; mas, no último caso, é também indubitável que só se pode ordenar a questão ou a juntada de informações mais amplas."[84]

Como é vasto o império da pressuposição, ilustríssimo chefe da magistratura! Quer dizer que V. Exa. não tem provas e pune durante duas horas um infeliz por meio de mil tipos de morte, para depois ter o direito de dar-lhe uma que dura um

84. Essa carta está transcrita em Instrução criminal, p. 701. (Nota de Voltaire).

só momento! Sabe V. Exa. muito bem que esse é o segredo de arrancar todas as confissões desejadas de um inocente de músculos delicados e salvar a vida de um culpado robusto. Já se falou tanto disso! Há tantos exemplos! Será possível que ordenar tormentos horrendos lhe pareça o mesmo que pedir a juntada de mais informações? Que espantosa e ridícula alternativa!

Eu ousaria crer só ter havido um caso em que a tortura parecesse necessária, e esse foi o assassinato de Henrique IV, amigo de nossa república, amigo da Europa, amigo do gênero humano. O crime de sua morte arruinava a França, expunha nossas províncias, perturbava vinte Estados.

O interesse da Terra era conhecer os cúmplices de Ravaillac. Mas o suplício de ser puxado por quatro cavalos, depois de ter recebido chumbo fundido nos membros ensangüentados e de ser atenazado com tenazes ardentes, era suficientemente longo para dar tempo de revelar os comparsas, se eles existissem. É provável que ele não tivesse outros cúmplices além do espírito da Liga e de Roma; quero dizer da Roma de seu tempo, pois com certeza a de hoje não mergulharia em tais abominações.

Vede, senhores, se, com exceção do crime de Ravaillac, cometido contra a Europa, a tortura em qualquer outra circunstância não é tão pavorosa quanto inútil[85]. Cumpre lembrar sempre como esse suplício levou à morte, quase no mesmo ano, os inocentes Langlade e Lebrun[86]; a história dos dois, já citada[87], é bem conhecida de todos os que ouviram falar dos erros da justiça. Esses dois mártires da forma das leis em terras vizinhas são a demonstração de que a tortura não serve para descobrir a verdade, mas sim para causar, inutilmente, morte mais prolongada e dolorosa. A injustiça do suplício de Langlade e de Lebrun só foi reconhecida depois que eles estavam mortos; seus juízes choraram; mas o arrependimento deles não abole a lei. Não sei como os infelizes juízes que os condenaram puderam ainda ser suficientemente ousados para ordenar a tortura em outros processos criminais, e como Luís XV tolerou isso. Mas acaso um rei terá tempo de pensar nesses horrores miúdos, em meio a festas, con-

85. A imperatriz da Rússia, Catarina II, antes de abolir a tortura, ordenou que os partidários ainda numerosos da tortura e os amigos da humanidade, que haviam elevado seu brado contra essa absurda barbárie, lessem as obras que ela mandara escrever. O autor, que defendia a abolição da tortura, opinava que ela devia ser conservada para o crime de lesa-majestade apenas. A imperatriz a proscreveu sem nenhuma restrição. (K.)

86. A história da inocência e da morte dos dois pode ser lida em *Causas célebres*. (Nota de Voltaire)

87. Ver artigo XXII, § I, *Du flagrant délit*; e o artigo CERTAIN, CERTITUDE, *Dictionnaire philosophique*, II, *in* Voltaire, *Oeuvres complètes*, Garnier, Paris, 1878, p. 576, e tomo XVIII, p. 117.

quistas e amantes? Dignai-vos tratar dessas coisas, Luís XVI, vós que não tendes nenhuma dessas distrações!

Artigo XXV

Das prisões e da captura dos prisioneiros

As prisões de Madri, construídas na grande praça, são decoradas com uma fachada de bela arquitetura. Não é preciso que uma prisão pareça um palácio; também não é preciso que pareça um ossuário. Há quem se queixe de que a maioria dos cárceres da Europa são cloacas de contaminação, a disseminarem doenças mortais, não só entre seus muros mas pela vizinhança. Nelas falta claridade, o ar não circula. Entre os detentos transmitem-se exalações pestilentas. Passam eles por um suplício cruel antes de serem julgados. Os serviços de caridade pública e a polícia deveriam dar remédio a essa negligência desumana e perigosa.

O encarceramento é já uma pena em si mesmo: deve, portanto, ser proporcional à enormidade do delito de que o detento é acusado. Acaso caberá lançar ao fundo da mesma enxovia um infeliz devedor insolvente e um celerado sobre o qual há fortes suspeitas de parricídio? Há graus para tudo, distinções que devem ser feitas em cada gênero.

Vemos que o sábio Luís XVI reforma em parte esse abuso num edito que suprime centenas de magistrados subalternos que jogavam em masmorras pestilentas famílias necessitadas, condenadas por eles ao pagamento de multas[88].

O encarceramento legal, embora doloroso, não é visto pelos juízes como um castigo. Para eles, não passa de garantia de ter o acusado ao alcance da mão quando quiserem interrogá-lo e julgá-lo. No entanto, na Inglaterra, um ministro de Estado que mande prender um homem sem razão, só para tê-lo à mão em caso de necessidade e a pretexto de que prisão não é suplício, será obrigado por lei a pagar quatro guinéus pela primeira hora e dois guinéus a cada uma das horas seguintes de detenção desse homem, que ele quis ter ao alcance da mão. A prisão é um suplício, por menos que dure. É um suplício intolerável quando a condenação é para toda a vida.

Em vários Estados, a maneira como se age para deter um homem tem muita semelhança com um ataque de bandidos.

88. Edito para a supressão dos escabinos. (Nota de Voltaire)

Acaso não aprovais o feliz método adotado por uma nação, que soube dar à lei, e apenas a ela, força tão grande que basta um único ministro da lei, investido das marcas de seu ofício, para que o acusado não ouse resistir?

E quando se consegue tornar as leis tão respeitáveis assim para cada cidadão? Quando é a nação que as cria.

Artigo XXVI

Do requinte dos suplícios

Como se explica que o beneditino Calmet tenha podido divertir-se mandando gravar num dicionário estampas de todos os tormentos em uso na pequena nação judaica? Ser precipitado do alto de um rochedo sobre seixos ou ser lapidado com aqueles seixos que cobrem toda a região e depois ser pendurado a uma trave para lá esperar a morte; ser enterrado vivo num monte de cinzas; morrer esmagado sob gradadores de ferro, sob espinhos, sob rodas, sob patas de cavalos ou de elefantes (quando por acaso o povo em questão pudesse tê-los, o que era bem raro); esfolar da cabeça aos pés; arrancar as costelas e as entranhas com garras de ferro; queimar com tochas ardentes ou em fogueiras; serrar um homem ao meio! Que diversão vergonhosa os leitores encontram nessas imagens?

Há quem diga que o suplício da roda foi inventado na Alemanha e que só foi empregado na França no tempo de Francisco I contra ladrões de estrada[89].

Na Inglaterra, para crime de alta traição, a lei ordena ainda hoje que o culpado seja arrastado pelo chão, com a cabeça desprotegida, até a forca; que lá, sendo suspenso vivo, lhe arranquem as entranhas e o coração, que com eles lhe batam nas faces, e que o carrasco, mostrando o coração ensangüentado, diga em voz alta: "Aqui está o coração do traidor." Mas essa execrável execução é poupada. O culpado não é arrastado pelo chão, já não lhe arrancam o coração em vida. Nenhum suplício é permitido, além da simples morte. Foi preciso muito tempo para que aquela nação somasse piedade à justiça. Conseguiu, por fim.

89. A lei que a instituiu é do chanceler Poyet; é útil saber que essa lei atroz foi obra de um magistrado que, por suas malversações, foi estigmatizado pelo parlamento de Paris. Foi o mesmo que, não lhe agradando a sentença proferida por comissários contra o almirante Chabot, falsificou-a. (K.)

Artigo XXVII

Do confisco

Depois de mandar matar um culpado, só resta tomar seus despojos[90].

Acredito que o melhor a fazer é remeter-vos ao que está impresso num livro moral, feito em forma de dicionário[91].

Artigo XXVIII

Das leis de Luís XVI sobre a deserção e conclusão da obra

Percorri convosco, senhores, um triste percurso, semeado de crimes e de castigos; transformareis esse espetáculo de horror em motivo de comprazimento se inspirardes nos governos da Euro-

90. Aqui nos limitaremos a observar que a privação dos bens pode ser uma pena, mas que o confisco não o é. Portanto, este é injusto. A lei pode beneficiar com indenizações aqueles que foram lesados pelo crime; o resto dos bens daquele que ela aparta da sociedade passa a ser de propriedade dos herdeiros. (K.)

91. Na primeira edição, era transcrita aqui uma boa parte do artigo CONFISCATION das *Questions sur l'Encyclopédie*, *Dictionnaire philosophique*, II, *in* Voltaire, *Oeuvres complètes*, *op. cit.*, tomo XVIII, p. 232; e o excerto da defesa de Talon, transcrita no parágrafo XXI, *De la confiscation attachée a tous les délits dont on a parlé, du Commentaire sur traité Des délits et des peines.*

pa os meios de transformar os celerados em servidores da pátria e de puni-los exemplarmente sem derramar um sangue necessário ao Estado.

O rei de França já deu um grande exemplo quando foi coroado, não em relação aos celerados, mas em relação a homens que a inconstância, a leviandade, a devassidão ou a instigação haviam tornado criminosos, em suma, em relação aos desertores. Teve piedade deles e da França, que com eles perdia defensores. Remiu-os da pena de morte e deu-lhes meios de reparar a falta que haviam cometido concedendo-lhes alguns dias para voltar ao exército. E quando são punidos é por uma pena que os obrigue a servir à pátria por eles abandonada. Ficam como forçados durante vários anos. Devemos essa jurisprudência militar a um ministro militar, que tem de esclarecimento o que tem de bravura. Um outro ministro de mesmo caráter havia antes tentado prevenir as deserções tornando mais honrosa a profissão dos soldados, concedendo distinções que os levassem a amar o serviço militar e a ver a deserção como uma covardia indigna.

Ouso convidar-vos, senhores, a buscar para os cidadãos aquilo que Luís XVI encontrou para os soldados. Pergunto-vos se não seria possível diminuir o número de delitos, tornando os castigos mais vergonhosos e menos cruéis. Não observais que os países onde a rotina da lei ostenta os mais horrendos espetáculos são aqueles onde os crimes se multiplicam? Não estais convencidos de que o amor à honra e o temor à vergonha são melhores moralistas que os carrascos? Os países onde a virtude é premiada não serão mais bem policiados que aqueles onde não se faz outra coisa senão procurar pretextos para derramar o sangue e herdar os bens dos condenados?

Ponderai esses princípios, retificai-os, não para um recanto do mundo apenas; não vos direi que seja pela felicidade da terra, mas pelo abrandamento dos flagelos de que ela foi atormentada.

Podeis ver que todos os soberanos da Europa prestam homenagem hoje a uma filosofia de que, há cinqüenta anos, não acreditávamos que eles se aproximassem. Não há uma só província onde não se encontre algum sábio a trabalhar para tornar os homens menos maus e menos infelizes. Por toda parte, são criados novos estabelecimentos para incentivar o trabalho e, por conseguinte, a virtude; por toda parte a razão faz progressos que chegam a assustar o fanatismo. A discórdia já só se encontra na América Boreal[92]. Os soberanos só rivalizam em fazer o maior bem. Tirai proveito desses momentos; eles talvez sejam breves.

92. Em 4 de julho de 1776 começara a insurreição das colônias inglesas na América do Norte, que passaram para o governo dos Estados Unidos.

#FIL16105

O preço da justiça